La cultura de la homofobia
y cómo acabar con ella

La cultura de la homofobia y cómo acabar con ella

Ramón Martínez

BARCELONA – MADRID

Segunda edición, noviembre 2016
Tercera èdición, abril 2017
Cuarta edición, octubre 2017

© Ramón Martínez, 2016

© Editorial EGALES, S.L., 2016
    Cervantes, 2. 08002 Barcelona. Tel.: 93 412 52 61
    Hortaleza, 62. 28004 Madrid. Tel.: 91 522 55 99
    www.editorialegales.com

ISBN: 978-84-16491-63-6
Depósito legal: M-3162-2016

© Fotografía del autor: Mercedes Rodríguez Hervías

Diseño de cubierta: Nieves Guerra

Modelo de portada: Dani López, de quien aseguramos que, en lugar de homofobia,
    lo que tiene son muchas ganas de construir un mundo mejor.

Imprime: Safekat. Laguna del Marquesado, 32 - Naves K y L.
    Complejo Neural. 28021 – Madrid

A las que luchan.

Quien tiene miedo no tiene poder.

Amelia VALCÁRCEL

La tensión entre los que deben defender ciertas normas, opiniones o valores y los que han de abogar por otras normas, opiniones o valores, a fin de cambiar los existentes, es el resultado sobre el que descansa la evolución de una sociedad. Si la organización social existente no admite esa tensión, hay que considerar como una solución sana, como una salida ineludible, la necesidad y la probabilidad de cambiar de arriba abajo la organización social.

Serge MOSCOVICI

ÍNDICE

PRÓLOGO

No puedo estar más de acuerdo con Ramón Martínez cuando afirma que «la clave para garantizar el progreso democrático de una sociedad se encuentra... en la calidad de los vínculos que sus integrantes puedan establecer entre sí, en la posibilidad de construir diferentes nexos que permitan la empatía hacia el resto de conciudadanos y conciudadanas, en colocarse en su lugar y comprender sus necesidades...». Este ideal de respeto profundo a la libertad de los demás, que comporta un radical rechazo de todas las conductas intolerantes, como la homofobia, es un desiderátum de la cultura democrática, sin duda un ideal de largo alcance.

Creo, no obstante, que el lector, y el propio autor de esta obra, comprenderán que comience estas líneas, y dedique buena parte de ellas, a glosar la importancia de la parte ya recorrida, esperamos que irreversiblemente, al menos en su vertiente jurídica, por la sociedad española en pos de dicho ideal.

Que en 2005 —hace solo un año celebramos el décimo aniversario— nuestro país fuera uno de los primeros del mundo en abrir el matrimonio a las personas del mismo sexo, con todas las consecuencias, también en relación con la adopción, y que la ley que lo hizo posible cuente hoy con el respaldo unánime de

13

las fuerzas parlamentarias, y el altísimamente mayoritario de la sociedad española, es un hecho muy notable si se tiene en cuenta que hace solo unas décadas España era un Estado confesional católico, en el que sus normas definían la homosexualidad como un comportamiento «antisocial» y prescribían el internamiento de los homosexuales en centros de reeducación.

Así había ocurrido, en efecto, como se nos recuerda en esta obra, hasta principios de 1979, cuando esas normas devinieron incompatibles con la Constitución española recién aprobada entonces.

Además, la Ley del matrimonio igualitario, que se debe, que se la debemos, a la propia sociedad española y muy especialmente a los activistas LGTB, ha servido, junto a otras leyes de derechos de parecida carga simbólica, como la de igualdad efectiva entre mujeres y hombres, de referencia social de tolerancia y respeto; de una tolerancia y un respeto que, como he tenido oportunidad de señalar en alguna ocasión, no es divisible, en el sentido de que quien los practica con la identidad sexual también lo hace normalmente con la de género, o con la de origen, raza o color de piel...

La tolerancia, el respeto auténtico por la identidad y libre opción de nuestros conciudadanos, es contagiosa, si se me permite expresarlo así, y creo que por fortuna una mayoría muy considerable de la sociedad española se ha situado en este escenario cívico emulador.

Porque, junto a la general aceptación del matrimonio igualitario, en España se registran bajos índices de xenofobia —cuando la llegada de inmigrantes de diferentes regiones del mundo ha sido alta en las últimas décadas—, hay un buen clima de tolerancia religiosa, y se han hecho progresos evidentes, aunque aún queda camino por recorrer, en la lucha por la igualdad efectiva entre hombres y mujeres. Todo ello permite sostener que nuestro país se encuentra hoy entre los más tolerantes. Lo creo sinceramente así.

Me apresto, sin embargo, a advertir, para conectar ya con la línea de fondo del discurso de Ramón Martínez, que las leyes de derechos, incluso reconociéndoles este virtuoso efecto irradiante, no cubren todas las posibles conductas discriminatorias ni cancelan las futuras manifestaciones de las mismas, ni cambian por sí mismas o por sí solas los patrones culturales. Y que el disfrute real de la libertad, o de las condiciones que la hacen posible, también puede estancarse o incluso retroceder.

En este sentido, *La cultura de la homofobia* es un aleccionador aldabonazo frente a cualquier tentación de complacencia o pasividad.

No solo se exploran las aguas profundas del discurso heterosexual aun imperante, sino que con un tono que por momentos resulta interpelantemente sombrío se nos plantea, en alusión al incremento de las agresiones a homosexuales que se registra últimamente, la paradoja de que los avances en derechos, esto es, «cuando menos se diferencian dominado y dominante», bien pudieran desencadenar nuevas reacciones contrarias, si se cree —en palabras de Hannah Arendt de las que se hace eco Ramón— que «el dominio por la pura violencia entra en juego allí donde se está perdiendo el poder».

Interesante reflexión que alerta sobre la insuficiencia de una cultura de los derechos apoyada ciertamente en mayorías pero que no elimina por completo, seguramente porque se requiera más tiempo para ello, los trazos de un discurso de dominación que algunas minorías pueden empeñarse en reactivar.

Desde la perspectiva del legislador democrático, que es la que está a nuestro alcance reclamar, esto significa que hay que perseverar en la remoción de obstáculos que impidan el libre ejercicio efectivo de la libertad.

Con un estilo ágil y brioso, con rigor en la argumentación, incorporando y asumiendo la óptica insustituible de los perjudicados, de las víctimas, esta obra es una elocuente llamada a esa perseverancia, a considerar que la lucha por los derechos es una lucha incesante, una lucha sin fin, sobre todo cuando se alza frente al muro de patrones culturales de imposición seculares.

Cuando, en una jornada parlamentaria emocionante que nunca olvidaré, el día en que defendí la Ley del matrimonio entre personas del mismo sexo en el Congreso de los Diputados, sostuve que no legislábamos para personas extrañas, que lo hacíamos para nuestros amigos, para nuestros compañeros de trabajo, para nuestros familiares... quise transmitir la idea de que el disfrute de la propia libertad, de la libertad republicana, solo es concebible con la conciencia de ese mismo disfrute por los demás —la «empatía» de la que habla Ramón—, que es lo opuesto a la necesidad de constatar en ellos, hasta hacerlo incluso mediante la imposición, la réplica confortable de nuestras creencias.

El fundamento de la libertad excluye el fundamentalismo, en las ideas y en las conductas.

Quienes profesamos esta convicción debemos agradecer a la obra que el lector tiene en sus manos que nos ofrezca nuevas razones para seguir haciéndolo, con pasión y allí donde la vida nos lleve.

José Luis Rodríguez Zapatero

LA LEY DE GRAVITACIÓN HETEROSEXUAL

> *Cuando el pensamiento heterosexual piensa la homosexualidad, esta no es nada más que heterosexualidad.*
>
> Monique WITTIG

La heterosexualidad es un problema de gravedad. Y no quiero con esto decir únicamente que se trata de un problema grave. Detrás de la heterosexualidad se encierran muchas más cosas que una simple atracción erótica entre personas de distinto sexo. No solo esconde una muy precisa diferenciación entre uno y otro sexo, y la negación de posibilidades más allá de ambos, sino también una serie de estereotipos, prejuicios y valores determinados que conforman una forma de pensar. Detrás de la heterosexualidad se encubre toda una cosmovisión acerca de cómo han de ser las relaciones sexuales y cómo deben, si es que pueden, manifestarse las orientaciones sexuales e identidades de género que la propia heterosexualidad ha catalogado como diferentes.

Por eso puede decirse que la heterosexualidad es una ideología, un «conjunto de ideas fundamentales que caracteriza el pensamiento de una persona, colectividad o época», y que no solo se refiere a la «inclinación erótica hacia individuos del sexo contrario», según las definiciones que ofrece la Academia Española. La heterosexualidad, como digo, es una forma de pensar la sexualidad que prescribe un modelo de comportamiento al que debe adscribirse todo el mundo, sean o no su deseo y su género clasificables como heterosexuales. No se trata únicamente de un concepto que sirva para abstraer los deseos eróticos concretos hacia personas de sexo diferente al propio. Y su problema de *gravedad* consiste en que la heterosexualidad se comporta como un gran objeto cósmico que pretende ordenar los movimientos de todos los cuerpos que encuentra bajo su influencia, sirviéndoles como referente último en su desplazamiento por el universo.

Así, la heterosexualidad es un sistema de ordenación social de la sexualidad que, aunque se da por sentado, como acostumbramos a hacer con la fuerza de la gravedad, presenta unas características concretas cuando uno se acerca a estudiarlo. Óscar Guasch recoge ocho rasgos fundamentales: la heterosexualidad es sexista, misógina, adultista y homófoba, reivindica la pareja estable, preferentemente articulada bajo la institución del matrimonio; considera la práctica del sexo aceptable solo si sus fines son reproductivos y siempre de manera coitocéntrica, prioriza la visión masculina, a la que subordina toda la realidad femenina, y «condena, persigue o ignora» cualquier divergencia del sistema establecido.[1] Además, resulta importante señalar que la identificación de una persona con la heterosexualidad no se realiza tanto a partir de la coincidencia con estos atributos como mediante la negación de otros. Del mismo modo que para ser *masculino* lo más relevante es no manifestar ninguna de las características que

---

[1] Guasch, *La crisis de la heterosexualidad*, pp. 115-116.

se asocian a la feminidad, lo más importante para ser heterosexual no es sentir deseo hacia personas de otro sexo, sino curiosamente no sentir cualquier otro tipo posible de deseo. Y para hacerlo más sencillo, nada más útil que construir, desde la heterosexualidad, un conjunto de personajes a los que negar —y perseguir— que recojan todos los caracteres que no son deseables, aunque estos puedan llegar a presentarse en cualquier persona, sea cual sea su orientación sexual o identidad de género declarada. La heterosexualidad necesita de una serie de chivos expiatorios para sustentar su hegemonía, y por eso, llegado un momento, fabricó una serie de estereotipos bien diferenciados, con la intención de facilitar la identificación de cualquier forma de heterodoxia en cuanto a la sexualidad.

Hoy podríamos pensar, y así se pretende, que la heterosexualidad, como modelo social, siempre ha estado ahí; que es una institución eterna cuyo origen se pierde en la noche de los tiempos. Pero en realidad se trata de una invención que apenas cuenta cien años. Louis-George Tin y Jonathan Katz han estudiado el proceso de formación del sistema heterosexual. El primero señala que es necesario buscar el origen último de la heterosexualidad en el nacimiento del *amor cortés* en la Edad Media, cuando la literatura comienza a hablar sobre la pareja hombre-mujer en lugar de seguir cantando las grandes relaciones amistosas entre varones heroicos, que paulatinamente empiezan a presentarse como sospechosas hasta que en el siglo XVII triunfa ya totalmente una *cultura heterosexual* en detrimento de esas tradiciones *homosociales*. Mucho más tarde, a finales del siglo XIX, Katz explica cómo aparece al fin el concepto «heterosexual», que, tras un proceso en el que parte como denominador de una forma de perversión sexual —el sexo no reproductivo, simplemente placentero—, acaba ocupando su actual lugar como *norma* de la conducta sexual adecuada.[2]

Como decíamos antes, todos nuestros movimientos tienen el modelo heterosexual como centro gravitacional, la referencia última para la interpretación de toda la realidad sexual y de género circundante es la heterosexualidad y, de esta forma, es según sus cánones el único medio en que nos es posible interpretar la realidad. Monique Wittig, autora con cuya cita da comienzo esta introducción, postula esta idea en *El pensamiento heterosexual*, y extrae como consecuencia que no es concebible una sociedad en que desde los vínculos interpersonales hasta la misma producción de conceptos escapen a la ordenación de lo heterosexual. Se da por sentado que es la heterosexualidad uno de los hechos fundacionales de nuestra sociedad y, del mismo modo que el psicoanalizado debe manifestarse de acuerdo con los parámetros del psicoanálisis y la bruja acaba confesando precisamente lo que el inquisidor pretende escuchar, no nos es posible hablar de sexualidad si no es en los términos y con las categorías que nos impone la concepción heterosexual de la realidad.[3] De esta forma, incluso las etiquetas con las que nos es posible identificarnos hoy como sexualmente heterodoxos, los consabidos *homosexual*, *lesbiana*, *gay*, *bisexual*, *transexual*, etc., han sido fabricados con la materia prima de una concepción de la sexualidad eminentemente heterosexual y, por añadidura, con nuestra aceptación de estas categorías no hacemos sino bendecir el mismo orden heterosexual que en tantos momentos nos resulta agresi-

---

[2] Tin, *La invención de la cultura heterosexual*, pp. 17, 81; Katz, *La invención de la heterosexualidad*, pp. 27, 37-38, 86, 89-121.
[3] Wittig, *El pensamiento heterosexual*, pp. 48-52.

vo.[4] Por eso Bersani dice que «la confesión es una forma de ven-
triloquía»,[5] porque nuestras identidades acaban siendo respuestas
a preguntas diseñadas desde un marco de pensamiento que nos
es ajeno: realizamos la identificación con nuestras identidades
del mismo modo que pensamos en el elefante de Lakoff, porque
nos dijeron que no pensáramos en él, de igual manera en que
nos dijeron que no podíamos ser homosexuales, lesbianas, gais,
bisexuales o transexuales. De esta forma, la heterosexualidad es
nuestro muro dentro de la cueva y, aunque nos esforcemos en
buscar luces con las que iluminarlo para entenderlo mejor, nunca
dejaremos de percibir la realidad —si es que existe una realidad— a través de los parámetros heterosexuales hasta que vol-
vamos la cabeza hacia la salida de la caverna.

Por esto la heterosexualidad es una ideología, más allá de la
simple abstracción de una práctica sexual, porque en ella se recogen una serie de axiomas que dan forma a nuestro modo de
pensar la sexualidad. Pero no es posible detenernos en la crítica
a la heterosexualidad como ideología abstracta pues, como indica Wittig, «cuando se recubre con el término generalizador de
"ideología" todos los discursos del grupo dominante, se relegan
estos discursos al mundo de las Ideas Irreales. Se desatiende la
violencia material (física) que realizan directamente sobre los y
las oprimidos/as».[6] Hablar únicamente de ideología puede hacernos olvidar que todo discurso se concreta en acciones, en in-
finitos hechos a través de los que ese discurso se manifiesta y se
perpetúa. La ideología puede llegar a ser entendida como poco

---

[4] Guasch, *op. cit.*, pp. 20-21.
[5] Bersani, *Homos*, p. 26.
[6] Wittig, *op. cit.*, p. 49.

más que una serie de opiniones que pueden llegar a no compartirse, cuando la heterosexualidad consiste no solo en ideas, sino en un entramado muy preciso de reglas de comportamiento que indican cómo debe actuar una persona ante determinados supuestos. Así, la heterosexualidad es mucho más que una simple ideología: la heterosexualidad es una cultura.

¿Pero de qué hablamos cuando hablamos de cultura? Precisar a qué se refiere el concepto es una de las principales preocupaciones de la ciencia que la estudia, la Antropología. Aunque suele utilizarse como definición canónica la que ofreció Tylor en 1874:

> ese conjunto que incluye conocimientos, creencias, arte, moral, leyes, costumbres y toda otra capacidad y hábito adquiridos por el hombre en cuanto miembro de una sociedad;[7]

en un buen libro de Ángel Díaz de la Rada, *Cultura, antropología y otras tonterías*, encontramos una explicación que nos será mucho más útil:

> una cultura es básicamente un conjunto de códigos constituidos por reglas de asociación. Decir de una acción humana que es acción cultural es decir que esa acción tiene la forma de uno o varios de esos códigos.[8]

Así, si entendemos la heterosexualidad como una cultura, nos referimos precisamente a esos códigos: determinadas acciones humanas se realizan como manifestación de un mandato concreto, y la heterosexualidad impone una serie de reglas que ordenan

---

[7] Aime, *Cultura*, p. 20.
[8] Díaz de la Rada, *Cultura, antropología y otras tonterías*, p. 167.

cómo deben ser, y cómo no deben ser, las acciones relativas a la sexualidad, del mismo modo que existe también un conjunto de reglas previstas para responder a las acciones que no se conforman a lo normativo.

La *cultura heterosexual* supone un modelo normado en cuanto a las prácticas sexuales —y veremos que también a la expresión de género— equiparable a una *cultura de la masculinidad*, que por su parte articula los comportamientos asociados al varón y los que debieran presentar las mujeres, así como incluye una serie de acciones más o menos violentas que, como imperativos, deberían ponerse en funcionamiento cuando alguien quebranta las normas. Una de esas acciones que persiguen la corrección de la conducta «inadecuada» de la mujer es la violación, y desde los años setenta el Feminismo acostumbra a emplear la expresión *cultura de la violación* para hablar sobre ese mecanismo del patriarcado que somete a las mujeres a través del miedo, específicamente del miedo a ser violadas. De esta manera,

las mujeres son entrenadas para ser víctimas de violaciones. Simplemente aprender la palabra «violación» es instruirse sobre la relación de poder existente entre machos y hembras. Hablar de violación, aunque sea con una risa nerviosa, es aceptar el *status* especial de víctima de la mujer. Cuando somos niñas, escuchamos los susurros: *las niñas son violadas*. No los niños. El mensaje es claro. La violación tiene algo que ver con nuestro sexo. [...] La violación se desliza en nuestra conciencia infantil por grados imperceptibles. Aun antes de aprender a leer, hemos sido adoctrinadas con una mentalidad de víctima.[9]

---

[9] Brownmiller, *Contra nuestra voluntad*, p. 297.

Los niños no. Quizá Susan Brownmiller lo afirme demasiado tajantemente, pero es una realidad que a los niños se les educa fundamentalmente en otro miedo distinto: el miedo a no ser «verdaderos hombres». Da comienzo así un difícil entramado que agrupa los mandatos de la *masculinidad* y la *heterosexualidad* haciéndolos interdependientes, una serie de códigos que se imponen como forma de respuesta a las prácticas sexuales y de género que se apartan de la norma, que vulneran y cuestionan la *cultura de la heterosexualidad*. Los niños entienden que ser *maricón* es algo malo antes incluso de saber qué significa, y también las niñas aprenden que si no acatan las órdenes de la heterosexualidad padecerán agresiones como las que sufren cuando no obedecen los imperativos de género asociados a su sexo.

Esa es la *cultura de la homofobia* sobre la que reflexionaremos a lo largo de las páginas siguientes: una cultura fundamentada en la violencia y el miedo que convierte la libertad en un imposible. Nuestro trabajo consistirá en estudiarla para averiguar de qué forma es posible hacerla desaparecer.[10]

---

[10] Escribo este libro como varón blanco cisexual no heterosexual. Mis consideraciones, de acuerdo con mi identidad, versarán fundamentalmente sobre la homofobia que sufrimos las personas que coinciden con mis *etiquetas*, y no hablaré más de lo justo y necesario de las otras identidades posibles también amenazadas por la homofobia. Considero que son las personas que las portan quienes deben elaborar su propio discurso, y que mi papel en él consiste en abstenerme de ejercer cualquier tipo de influencia, pero también en colaborar activamente con su difusión y reivindicación.

LA CULTURA DE LA HOMOFOBIA

UNA CONDENA ETERNA Y UNIVERSAL. BREVE HISTORIA DE LA HOMOFOBIA

En todas las épocas y en todos los contextos culturales hay reacción so-
cial contra conductas sexuales no acordes con lo socialmente prescrito.
Sin embargo, la reacción social contra tales conductas no implica necesa-
riamente un ejercicio de abstracción tipológica de sus practicantes.

Óscar GUASCH, *La crisis de la heterosexualidad*

Aunque la construcción del concepto de la homofobia es bastante reciente, del mismo modo en que lo son las categorías que hoy empleamos habitualmente para referirnos a un gran número de sexualidades heterodoxas, la condena social de las prácticas sexuales y expresiones de género que se apartan de la norma es una constante a lo largo de la historia. Cada época cuenta con una regulación más o menos expresa de las conductas sexuales permisibles y reprobables, y cada periodo dispone de sus propias categorías, que no son del todo aplicables a otros momentos. No obstante, veremos que la «abstracción tipológica» puede haber sido más frecuente de lo que parece y, en todo caso, usaré «heterodoxia sexual» como categoría general, pues creo que es la única que podría ser empleada a lo largo de toda nuestra historia. De igual manera, nos será posible diferenciar unos periodos de otros atendiendo a quién ostenta el poder de producción del discurso relativo a la norma sexual.

Para comprender de manera más adecuada qué es hoy la homofobia debemos averiguar cómo ha sido el largo proceso que culmina con la creación de esta abstracción, y para conseguirlo nos centraremos fundamentalmente en la historia de Occidente deteniéndonos en tres periodos: la Antigüedad, donde cada cultura articula su propia regulación de la sexualidad, la Edad Media y Moderna, en las que es el discurso religioso hace algo más homogéneas las diferencias anteriores y es el que determina qué conductas son las únicas tolerables, y la Edad Contemporánea, que supuestamente deja atrás los planteamientos religiosos para ceder la producción del discurso sexual a la medicina. El análisis de estos tres estadios, que acostumbro a llamar «Edad Antigua», «Edad Sodomítica» y «Edad Homosexual», arrojará muchas luces sobre el nacimiento de la idea de la homofobia en el contexto actual, en que el discurso de la sexualidad ha pasado a convertirse en un discurso político, pero convive aún con los puntos de vista médicos y religiosos.

UNA PROHIBICIÓN ANTIGUA

Si alguien se acuesta con varón como se hace con mujer, ambos han cometido abominación: morirán sin remedio; su sangre caerá sobre ellos.

Levítico, 20:13

Toda la historia de una discriminación puede resumirse en un solo versículo de la Biblia, que recoge un mandato claro y preciso de qué debe hacerse cuando se tiene noticia de una determinada práctica sexual. Además, por si quedara alguna duda, poco antes puede encontrarse la misma prohibición: «No te acostarás con varón como mujer; es abominación» (Levítico, 18:22).[11]

Estos son los enunciados que se citan de forma más habitual por parte del discurso religioso para condenar esa conducta, pero es necesario entenderlos en su contexto. Si observamos el texto bíblico, descubrimos que se encuentran relacionados con otras muchas normas. Por ejemplo, sobre la idoneidad de la pareja sexual se especifican cuáles son las relaciones de parentesco incompatibles con una sexualidad adecuada (18:6-18), además de condenarse toda relación con animales (18:23). De igual manera, esta «ley de santidad» se amplía a la prohibición de otros actos, como dormir con una mujer que está menstruando (20:18) o ver desnudos a determinados familiares (20:19). Incluso se añaden algunos preceptos sobre la ganadería, la agricultura y el vestido: «No aparearás ganado tuyo de diversa especie. No siembres tu campo con dos clases distintas de grano. No uses ropa de dos clases de tejido» (19:19).

Gracias a este último versículo, entendemos que los primeros judíos, de los que nos llega el mandato con el que comenzamos este apartado, tenían un problema con las mezclas. Del mismo modo en que no les estaba permitido mezclar ganado, semillas o telas, también consideraban que algunos animales que mezclaban las características esenciales de otros se convertían en «impuros». Esa era la argumentación para prohibir el consumo de carne de

---

[11] Alejándonos un poco de Occidente es posible encontrar las primeras legislaciones contrarias a la heterodoxia sexual en las civilizaciones de la ribera del Éufrates. A pesar de que el Código de Hammurabi no las ofrece y, por contra, reconoce derechos para las que hoy llamaríamos *lesbianas*, en torno al año 1100 a.C. el rey de Asiria Tiglatpileser I castiga con la castración las prácticas sexuales entre varones en la primera ley «homófoba» de la Historia.

cerdo, «pues aunque tiene la pezuña partida, hendida en mitades, no rumia» (Levítico, 11:6), ya que en la Biblia se afirma que solo son comestibles las reses que, además de tener la pezuña partida, rumian (11:3).

Esos mismos problemas conceptuales sobre las mezclas, una vez que se refieren al género, provocan la condena del sexo entre hombres. Según el pensamiento bíblico, la diferencia fundamental entre el hombre y la mujer consiste en que él ejerce la penetración de manera activa y ella sirve como objeto pasivo de esa penetración. Según esta lógica, si dos varones mantienen relaciones sexuales uno de ellos ocupa el rol predeterminado para la mujer, y aparece así un problema de mezcla de géneros que puede acarrear unas determinadas consecuencias para la comunidad, del mismo modo que podían provocarlas otras mezclas en el ganado, la agricultura o el vestido. «Para una manera de pensar primitiva y supersticiosa, la impureza de esta ofensa sexual era lo suficientemente seria como para profanar toda la tierra»,[12] y en ese momento era precisamente eso, la tierra, lo que más importaba al pueblo judío: no podían correr el riesgo de que el terreno que tanto les había costado conseguir fuera mancillado por la «impureza». Además, necesitaban ser numerosos para defender su territorio, y el conocido mandato «creced y multiplicaos» conllevaba que fuera necesario perseguir todas las prácticas sexuales que no tuvieran como principal objetivo la reproducción. Es una constante a lo largo de la Historia: ante la necesidad de incrementar la población, se da comienzo a la persecución de toda forma de sexualidad no reproductiva.[13]

---

[12] Helminiak, *Lo que la Biblia realmente dice sobre la homosexualidad*, p. 90.
[13] Harris, *La cultura norteamericana contemporánea*, pp. 111 y ss.

Los judíos tenían que multiplicarse y conservar su tierra libre de impurezas, pero también les era necesario mantener su diferencia con otras culturas, y para ello necesitaban apartarse de las prácticas rituales con contenido sexual. «No se piensa ni un solo momento si el sexo en sí mismo está bien o está mal. La intención es mantener una fuerte identidad judía», dice Helminiak.[14] Por eso convierten en «abominaciones» o «impurezas» esas conductas sexuales que practicaban los cananeos y egipcios, los más cercanos geográficamente al pueblo judío, pero que pueden encontrarse también en la mayor parte de las culturas humanas.[15]

> Las prácticas sexuales entre personas del mismo sexo (homosexualidad) están presentes en la mayoría de las culturas estudiadas. La antropología informa de que en algunas sociedades adopta carácter ritual, en otras religioso, y en algunas político. Sabemos que en Melanesia, por ejemplo, las prácticas sexuales entre varones son obligatorias desde los ocho años hasta los dieciocho. Los pueblos melanésicos tienen una particular manera de entender la política de géneros. Para ellos, las mujeres nacen, pero los hombres se hacen. Y una forma de adquirir el estatus de hombre es siendo inseminado por los hombres adultos del grupo.[16]

Un viajero del siglo XIX, sir Richard Francis Burton (1821-1890), publicó en 1885 una edición de *Las mil y una noches* a la que añadió un interesante epílogo. En uno de sus apartados, con

---

[14] Helminiak, *op. cit.*, p. 93.
[15] Alberto Cardín ofrece numerosos ejemplos de prácticas culturales en que sexo y género se apartan de lo normativo, según la perspectiva occidental, en su recomendable *Guerreros, chamanes y travestis*.
[16] Viñuales, *Lesbofobia*, p. 31.

el significativo título de *Pederastia*, se habla de la «zona sotádica» como forma de intentar explicar la proliferación de culturas con prácticas sexuales no normativas a los ojos del viajero inglés. La región, que toma su nombre del poeta helenístico Sótades, se extendería por las costas del Mediterráneo atravesando el Asia Menor hasta llegar a China y Japón, y comprendería también la totalidad del continente americano. Según Burton, «dentro de la Zona Sotádica, el Vicio es popular y endémico, siendo en el peor de los casos considerado un mero "pecadillo"», y aunque lo condena, dentro del discurso habitual en la época, no deja de afirmar que «no debemos olvidar que el amor a los muchachos tiene un lado noble y sentimental».[17]

Con todo, es preciso señalar que todas esas prácticas, rituales, religiosas o políticas, no tienen por qué ser consideradas dentro de sus culturas como específicamente sexuales. Aunque puedan parecerlo bajo nuestra mirada occidental, es necesario saber qué interpreta cada sociedad como sexual antes de afirmar que estas ceremonias pueden clasificarse de ese modo. Por eso, cuando nos acercamos a los rituales iniciáticos de contenido homosexual es fundamental no forzar la interpretación actual y occidental de hechos que nos son ajenos, y tratar de ubicarlos en su contexto. El ejemplo más célebre sería la Grecia clásica.

Suele considerarse popularmente la época de Platón como un tiempo de absoluta libertad sexual. La institucionalización de la *pederastia*, como forma de aprendizaje en que un hombre adulto (*erastés*) compartía sus conocimientos con un joven (*erómenos*) a cambio de algunos placeres, nos lleva a pensar en esa liberalidad de la sexualidad, si bien la función última de la pederastia era

---

[17] Burton, *Epílogo a las mil y una noches*, p. 21.

otra. «La pedagogía homosexual, mucho más antigua de lo que suele creerse, aparece en las sociedades en que la virilidad goza del estatuto de valor moral absoluto», dice Elisabeth Badinter, que añade como «la virilidad no es solamente un sentimiento de identidad, sino también un saber que se transmite a través de una relación iniciática (en la Grecia antigua) e íntima». La pederastia servía para aprender la masculinidad y contaba con una regulación muy estricta: el joven debía comportarse con timidez y discreción, valores eminentemente femeninos, y no sentir ningún deseo, sino «un sentimiento de admiración y gratitud hacia su mentor».[18]

También era muy preciso el tiempo durante el que era permisible mantener determinadas relaciones entre erastés y erómenos, como puede observarse a través de este epigrama de Estratón:

En otro tiempo gozamos cara a cara y otras cosas,/ menos la prueba decisiva, pues eras, Dífilo, entonces, solo un muchachito./ Pero ahora, te imploro que lo hagamos por detrás, pues más tarde/ ya no será debido. Cada cosa hay que hacerla a su tiempo.[19]

En este tipo de poesía, cuyo tema fundamental es alabar la belleza de los jóvenes y los deseos que despiertan, es habitual encontrar una gran preocupación por el crecimiento de los chicos, pues a partir de un determinado momento la relación con ellos ya no es lícita. Uno de estos textos llega a valorar la edad perfecta del erómenos en los diecisiete años, indicando a través de una

---

[18] Badinter, *XY. La identidad masculina*, pp. 102, 103, 107.
[19] Estratón, *La musa de los muchachos*, p. 143.

enrevesada metáfora que a partir de los dieciocho deben ocupar el papel de penetradores, no de penetrados.[20] Dover, autor del mayor y mejor estudio sobre el tema, indica claramente que, si bien entre estos poemas es posible encontrar algunos ejemplos con contenido claramente sexual, la mayor parte hablan únicamente de emociones que solo permiten suponer que los deseos del erastés no consistían en «nada más que monopolizar la presencia y conversación del erómenos cuya belleza admira», salvo, claro está, cuando se interpretan en clave erótica las apariciones de palabras como «persecución» y «éxito».[21]

Además al convertirse en una institución y ser recogida en la Constitución ateniense de Solón (siglo VI a.C.), la pederastia se regula y, si bien se reconoce su práctica legalmente, también se especifican sus prohibiciones, entre las que destaca la que impedía a los esclavos acceder al gimnasio, para evitar que entrasen en contacto con los jóvenes libres, de igual manera en que a estos no se les permitía ejercer la prostitución, que quedaba reservada a los extranjeros, como indica Dover. De esta manera, a pesar del ensalzamiento de una relación homoerótica muy determinada, las normas griegas resultaban bastante estrictas y, como indica el autor, «la evidencia de un trato inusual de entusiasmo por el trato heterosexual u homosexual se prestaba a la censura moral», ya que se consideraba que esa desmesura se llevaría a otros ámbitos, convirtiendo al individuo libidinoso en posible adúltero, violador e incluso derrochador de fortunas.[22] Podría aceptarse según esto una interpretación de la norma general como de una

---

[20] Íbid., p. 24.
[21] Dover, *Homosexualidad griega*, pp. 103-104.
[22] Íbid., pp. 66-67, 55.

«bisexualidad contenida», que a duras penas podría sostenerse si atendemos no solo a los discursos de Esquines *Contra Timarco* (29) y de Demóstenes *Contra Androcio* (41, 73), que mencionan la pérdida de la ciudadanía en el caso de haber ejercido la prostitución, sino al mismo Platón, en cuyas *Leyes* parece estar de acuerdo con que el placer «de los machos con los machos y el de las hembras con las hembras se da contra natura, y que tal desafuero se produce principalmente por la intemperancia en el placer», reivindicando esa mesura de la que hablábamos, que parece querer evitar cualquier conducta no reproductiva.[23]

Parece así que la supuesta libertad sexual de la Grecia Clásica no lo era tanto, salvo en el caso concreto y ritualizado de la pederastia, y que la virilidad solo se preservaba, de igual manera que sucedía con el pueblo judío, a través del respeto a una serie de mandatos específicos. Lo mismo sucederá en Roma, que hereda gran parte de la normativa sexual helénica. Séneca deja clara la vinculación entre el ofrecimiento sexual y el estatus del varón que se ofrecía a ser penetrado: «el servicio sexual es una ofensa para el que ha nacido libre, una necesidad para el esclavo y un deber para el liberto»; en tanto que Suetonio parece censurar al impetuoso Galba, pues «su pasión libidinosa le inclinaba más hacia los hombres, pero solo hacia los vigorosos y licenciosos. Decían que en Hispania no solo había recibido a Icelo, uno de sus antiguos amantes, con apasionados besos delante de todos cuando le anunciaba la muerte de Nerón, sino que le había pedido que se depilara sin demora y se lo había llevado aparte».[24] Pa-

---

[23] Esquines, *Contra Timarco*, 29; Demóstenes, *Contra Androcio*, 41, 73; Platón, *Leyes*, 636c.

[24] Séneca, *Controversias*, en Bravo, *La mirada de Zeus*, I, p. 131; Suetonio, *Vida de los doce césares. Galba*, 22.

ra resumir puede decirse que Roma, que paulatinamente fue volviéndose conservadora, aceptaba en principio la libertad sexual de cualquier ciudadano que *hiciera uso* de otra persona, mujer, esclavo u hombre joven sin vello, siempre que no manifestase en sus deseos demasiada efusividad y bajo ningún concepto tolerase ser penetrado. Como en los casos anteriores, ocupar el rol receptivo en el sexo entre varones conllevaba el cuestionamiento de los derechos de ciudadanía, porque ponía en tela de juicio la propia virilidad. Por eso era habitual penetrar a los vencidos en las batallas con la intención de manifestar el poder que sobre ellos se había conseguido.

De este modo no resultan tan diferentes la normativa sexual del antiguo pueblo judío y las de Grecia y Roma, salvo por el ritual concreto de la pederastia. En todos los casos, como hemos visto, la regulación de la sexualidad respondía a unos patrones de género muy delimitados según los que la masculinidad se caracterizaba por ser impenetrable, y quebrantar esta norma se penalizaba con la muerte o con el escarnio público. Veremos ahora cómo, con la institucionalización del cristianismo en todo el Imperio, esos mandatos para preservar el orden de género se unificarán bajo una única ley, la ley de Dios, que interpretará ese orden como parte de la creación divina, que no debe perturbarse.

LAS LEYES DE SODOMA

Sodomítico dicen al pecado en que caen los homes yaciendo unos con otros contra bondat e costumbre natural. Et porque de tal pecado como este nascen muchas males a la tierra do se face, et es cosa que pesa mucho a Dios con ella, et sale ende mala fama non tan solamente a los facedores,

mas aun a la tierra do es consentido, por ende que en los títulos ante des-
de fablamos de los otros yerros de luxuria, queremos aquí decir aparta-
damente deste.

Alfonso X, *Siete Partidas*, VII, XXI

Ya en el siglo XIII, Alfonso X da comienzo así al texto con que prohíbe la práctica de lo que entonces ya se conocía como *sodomía*, recogiendo la tradición bíblica, y mencionado, como antes, los efectos que tiene esa conducta sexual sobre la tierra. Fue posible llegar hasta este punto porque, como dijimos, la llegada del cristianismo al Imperio impuso los valores del judaísmo, con el mandato bíblico del Levítico incluido. San Pablo condenó expresamente las relaciones sexuales entre varones (Corintios I, 6:9-10 y Romanos 1:26-27) y más tarde, en el Concilio de Elvira, celebrado entre el año 300 y el 324, se ordena que «a los que cometen estupro con los muchachos ni siquiera a las puertas de la muerte se les suministrará la comunión». Esa es la línea que sigue el edicto de Teodosio del 6 de agosto de 390, donde se afirma que «[hará falta] expiar entre las llamas vengadoras [y] en presencia del pueblo, como requiere la enormidad del crimen, a todos aquellos que se hayan entregado a la infamia de condenar el cuerpo viril [...] a soportar prácticas sexuales reservadas al otro sexo». En el siglo VI hace lo mismo el emperador Justiniano, que ordena que «todos nosotros debemos cesar en todo hábito y acción malvados, especialmente los que están contaminados del abominable e impío comportamiento justamente odioso a Dios: hablamos del estupro de los hombres, al cual, actuando torpe y nefandamente, se abandonan hombres con hombres».[25]

---

[25] Bravo, *op. cit.*, I, pp. 225, 232, 248; Guasch, *La crisis de la heterosexualidad*, p. 49n.

En esa época Agustín de Tagaste, luego san Agustín, nos cuenta en sus *Confesiones* una experiencia con un amigo especial que, al morir, lo dejó sumamente abatido. Fruto de ella se produce su conversión, tras la que ordena claramente que «los pecados que son contra naturaleza, como lo fueron los de los sodomitas, siempre y en todo lugar deben ser detestados y castigados [...] que no hizo Dios a los hombres para que de tal modo usasen unos de otros».[26] A partir de ese modo de *usar*, de esas prácticas tan determinadas que ejercían los sodomitas, se acaba construyendo un concepto abstracto. Como bien indica Jordan,

> es el resultado de largos procesos de refinación y condensación. Estos procesos hicieron casi inevitable que hubiera un término abstracto para esta clase específica de pecado, tan específicamente estigmatizado. Un proceso refinó la lectura de la historia del Antiguo Testamento del castigo de Sodoma. [...] Otro proceso, más difuso pero no menos importante, tuvo que ver con el agrupamiento de un número de pecados bajo la antigua categoría romana de *luxuria*.[27]

Hoy se acepta ya que el verdadero pecado de Sodoma y Gomorra no fueron las prácticas sexuales inadecuadas o, al menos, no fue ese el principal pecado que provocó que la ira divina destruyera las ciudades, sino la falta de hospitalidad hacia los ángeles disfrazados de extranjeros. Pero Pedro Damián, santo de la Iglesia, entendió la leyenda de Sodoma como era habitual en su época, y encontró por fin una palabra para hablar en abstracto de esas prácticas prohibidas: *sodomía*. Además, en su *Liber Gomorrhianus*,

---

[26] Guasch, *op. cit.*, p. 51n.
[27] Jordan, *La invención de la sodomía en la teología cristiana*, p. 51.

que envió al papa León IX para persuadirlo de perseguir este nuevo pecado con fiereza, explica las diferentes clases en que puede manifestarse la sodomía: «algunos pecan contra ellos mismos; algunos por las manos de otros; otros en los muslos, y finalmente otros cometen el acto completo contra natura»;[28] una categorización similar a la que más tarde hará Tomás de Aquino, en cuya *Summa Theologica* encontramos que, como sucede en el texto de Pedro Damián, no es necesario que el pecado deba tener lugar entre personas del mismo sexo, sino que se refiere simplemente a cualquier conducta sexual que no estuviera encaminada a la reproducción. No obstante, desde un primer momento al sodomita se le vinculan una serie de rasgos de personalidad, aunque no constituya una identidad como hoy la entendemos, entre los que se encuentra el afeminamiento. Así lo recogerá nuestro Alfonso X a través de su traducción del *Libro de los judizios de las estrellas*, en que se advierte que, bajo una determinada ordenación de los astros, nacerá un sodomita en apariencia y hechos, si bien, con las estrellas colocadas de otro modo, el nacido «fará gestos de omne puto, mas non lo es».[29]

Todas estas reflexiones se trasladarán a diferentes leyes como la que encabeza este apartado. Borrillo cita la *Coutume de Touraine-Anjou*: «Si alguien es sospechoso de sodomía, debe prendérsele y enviarle al obispo; y si resulta convicto, se le debe quemar»; y la *Coutume d'Orléans*: «Quien es sodomita probado debe perder los cojones; y si lo hace una segunda vez, debe perder el miembro; y si lo hace una tercera vez, debe ser quemado». En España, además de algunos fueros locales como el de Béjar —«Qui fuer pre-

---

[28] Bravo, *op. cit.*, II, p. 49.
[29] Sánchez Prieto (ed.), *Judizios de las estrellas*, fol. 157r.

so en sodomítico pecado, quemarlo»—, se recogen en el *Fuero Juzgo* dos edictos similares: uno del rey Flavio Rescindo y otro del rey don Flavio Egica. Este último señala que

> los que yazen con los barones, o los que lo sufren, deven seer penados por esta ley en tal manera que, después que el iuez este mal supiere, que los castre luego a ambos, e los dé al obispo de la tierra en cuya tierra fizieren el mal.[30]

La persecución de la sodomía, que como vemos a través de los textos se concretaba en penas de castración y de hoguera, tiene una explicación más allá de asegurar la pureza religiosa y evitar males a la tierra. «El estímulo de la natalidad es la razón productiva que alienta la represión» acompañada de que esta «se reactiva cada vez que se intenta establecer una autoridad y un poder centralizado».[31] En este sentido, es precisamente durante la construcción del Estado Moderno cuando en España vuelve a legislarse y perseguirse más duramente la sodomía por parte de los Reyes Católicos en 1497 y de Felipe II en 1592.

Es en esta época en la que el imaginario popular vincula sodomía, hoguera e Inquisición y, aunque es cierto que el Santo Oficio se ocupó de bastantes procesos, es necesario matizar algunas cuestiones. En primer lugar, solo se hizo cargo del que entonces se denominaba *pecado nefando* —de *nefas*, 'que no debe ser nombrado'— en el Reino de Aragón, mientras que en Castilla eran los tribunales civiles los encargados de perseguirlo. Si

---

[30] Borrillo, *Homofobia*, pp. 56-57; Gutiérrez Cuadrado (ed.), *Fuero de Béjar*, p. 92; RAE (ed.), *Fuero Juzgo*, pp. 62-63.

[31] Ugarte, *Las circunstancias obligaban*, p. 74; Guasch, *op. cit.*, p. 47. Sobre la cuestión de la natalidad debe consultarse también un gran trabajo de Javier Ugarte: *Placer que nunca muere*.

bien aún no se ha realizado un estudio en profundidad sobre los casos castellanos, disponemos de una gran obra de Rafael Carrasco, *Inquisición y represión sexual en Valencia*, que analiza la *Historia de los sodomitas*, como la llama el autor, en esa región entre 1565 y 1785. A partir de este trabajo, es posible analizar más adecuadamente cómo se procedía en las causas y cuáles eran los castigos más habituales. Descubrimos así que no se menciona ya la castración y que, en el total de 259 procesos que estudia Carrasco entre 1566 y 1775, fueron absueltos 62 presos (28,15%), se torturó a 39 (16,4%), se condenó a trabajos forzados a 10 (4,2%), a pagar una multa a 17 (7,2%), a reclusión a otros 17 (7,2%), al destierro a 67 (28,2%), a recibir azotes a 60 (25,3%), a galeras a 50 (21,1%), y fueron «relajadas», esto es, quemadas en la hoguera, 37 personas (15,6%).[32] La persecución era evidente, si bien no se corresponde por completo con la imagen que hoy tenemos de esa época: era mucho más útil no asesinar a demasiadas personas y mantenerlas trabajando, a ser posible al servicio de la corona, como ocurre en las condenas a galeras.

Por otra parte, en el siglo XVI el concepto de la sodomía agrupaba aún toda la serie de prácticas sexuales consideradas «contra natura» por Pedro Damián y Tomás de Aquino, pero poco a poco van desgajándose lo que vinieron a llamarse las *molicies*, masturbaciones, y la *bestialidad*, hoy zoofilia. Se diferenciaba asimismo la «sodomía imperfecta», consistente en una práctica con la persona adecuada —el sexo opuesto— pero fuera del «vaso natural», de la «sodomía perfecta», en la que participaban dos personas del mismo sexo, fundamentalmente varones, ya que el papel subordinado al hombre de la mujer convertía su gé-

---

[32] Carrasco, *Inquisición y represión sexual en Valencia*, p. 69.

nero en menos relevante a la hora de vigilar el cumplimiento de la normativa de la sexualidad salvo en ocasiones de mucha notoriedad. Además, seguía existiendo la preocupación por las consecuencias que conllevaba la sodomía: Carrasco afirma como «al abolir la diferencia entre los sexos, la sodomía iba en contra de la jerarquía social establecida. Era destructora de linajes y aniquiladora de las virtudes masculinas».[33] Hay narraciones incluso que vinculan pecado nefando y desastres naturales. Resulta muy interesante leer un suceso ocurrido en El Escorial en 1577: el hijo del panadero de la Reina fue encontrado junto a dos jóvenes practicando la sodomía, y quemado tras un breve proceso. En las *Memorias* de Fray Juan de San Jerónimo cuenta el fraile cómo razona que estos hechos, ocurridos durante el verano, fueron anunciados porque «nuestro Señor envió grandes señales en esta tierra, y enviando fuego del cielo a este monesterio, y espesos rayos y truenos, y gruesos granizos, con otros grandes trabajos dignos de ser temidos». Se cuenta en el municipio la leyenda de que viene a recordar esta historia una cruz de término cerca de la actual Casita del Príncipe, llamada popularmente *La cruz del nefando*.[34]

No obstante todo esto, a medida que avanza el siglo XVII se equipara progresivamente la sodomía únicamente con las prácticas sexuales con personas del mismo sexo, dejando a un lado la «sodomía imperfecta», y disminuyen las condenas por sodomía, según los datos que aportaba Carrasco. Al mismo tiempo la literatura de la época nos indica que, aunque nos enfrentamos a un pecado del que, por ser *nefando*, no podía hablarse, cada vez es

---

[33] *Íbid.*, p. 44.
[34] San Jerónimo, *Memorias*, p. 212. Agradezco a Javier Cuesta Guadaño, escurialense incomparable, que hace años me transmitiese la referencia de esta curiosa leyenda.

más frecuente encontrar textos donde las alusiones a que una persona realice prácticas sexuales heterodoxas sirven más como recurso cómico que como ejemplo de reprobación moral. Un buen ejemplo pueden ser los llamados *entremeses de mariones*,[35] y sería posible, con ellos y otros muchos textos, aventurar la hipótesis de que el humor juega un papel importante en la evolución de la respuesta social hacia la sodomía, si no como causa sí como consecuencia. La cultura popular de la época, con el Carnaval como referente burlesco fundamental, utilizaba la risa como forma de cuestionar el orden establecido, siempre serio, y seriedad y humor se convertían así en las dos caras de la misma moneda de un sistema social que se reforzaba gracias a la oposición entre ambas. La transformación de la sodomía de pecado atroz e innombrable a recurso cómico puede significar, precisamente, que existe ya un claro modelo sexual que puede ser parodiado. Recordemos que páginas atrás comentábamos este momento histórico como clave para el desarrollo de lo que hoy entendemos como heterosexualidad.

Así, desde mediados del siglo XVII empieza a percibirse un cambio en la significación social de la sodomía y de toda la sexualidad. La Contrarreforma, los debates acerca de la pasión y el desenfreno, y la proliferación de una burguesía que trata de preservar su cuerpo con la mayor pureza para disfrutar de sus rentas convierten las cuestiones sexuales en lo que terminará por ser un área de conocimiento, un «campo de saber», que prescribirá prácticas posibles e inadecuadas, hasta culminar en el siglo XIX, como veremos a continuación, con la medicalización de la

---

[35] Sobre ellos, consúltese mi trabajo «Mari(c)ones, travestis y embrujados. La heterodoxia sexual del varón como recurso cómico en el Teatro Breve del Barroco».

sexualidad.[36] La evolución puede observarse en un texto raro pero sumamente curioso: la *Práctica de curas y confesores, y doctrina para penitentes*, de Benito Remigio Noydens. Aparecido en 1652, este manual de confesores tuvo numerosas reediciones a lo largo del siglo, y es posible apreciar cómo va aumentando el espacio que se le dedica a la sodomía en cada nueva edición. La adición más curiosa es de 1688, que ya no podía ser obra de Noydens, muerto en 1685, sino de alguna mano cercana a la imprenta e interesada en la cuestión:

> no incurre en estas penas el sodomita oculto, ni el público antes de la sentencia del juez, que en esto hemos de filosofar, como en la confiscación de los bienes del hereje. Y soy de parecer, que tampoco las incurre el que cometió este delito dos, o tres veces, sino los que le frecuentan.[37]

Resulta evidente una aparente permisividad, que ha de ser interpretada como una evolución en el problema de fondo que planteaba la sodomía, y un creciente interés por el tema. El orden divino, y natural a través de la creación, que pone en peligro el sodomita pasa a ser un orden social que ha de preservarse, si bien puede quebrarse moderadamente, y cuya amenaza es, ya en el siglo XVIII, el tipo del *libertino*, personaje de transición hacia la siguiente gran época que acabará diferenciándose en las figuras «del libertino heterosexual, por un lado, situada del lado de lo socialmente reconocido, y la del perverso homosexual, sita del lado de lo prohibido».[38] La Ilustración, que aparece en medio de

---

[36] Vázquez García / Moreno Mengíbar, *Sexo y razón*, p. 228; Flor, *Barroco*, p. 360.

[37] Noydens, *Práctica de curas*, p. 121.

[38] Cardín, *op. cit.*, p. 22.

ese cambio histórico y como consecuencia de él, colabora con el cambio de percepción de las prácticas heterodoxas mediante la laicización del análisis, que deja a un lado el discurso religioso para interpretarlo, en todo caso, como falta contra el orden y lo natural —se le llama contra natura y «amor antifísico»—. Así aparece razonado en los escritos de personajes de la talla de Rousseau, Voltaire o Condorcet, que evitan culpabilizar al individuo aunque no escondan su reprobación por esas prácticas.[39] Viniendo de una criminalización de estas conductas que llegaba a la condena de la hoguera, casi apetece entender sus palabras, sobre las que luego volveremos, como un alegato a favor de la despenalización de la sodomía.

MEDICINA PARA EL DESEO

> *Apareció la primera imagen. Era masculina. Intenté pensar... acariciar aquel torso desnudo, besar el rostro atractivo... No podía. Esperaba, temeroso y lleno de curiosidad, lo que había de llegar. Hasta que... Sentí una sacudida y un temblor en los pulsos. ¡Me hacía daño! Se me escapó un gemido. Inmediatamente aflojó la intensidad de la corriente. Se hizo más soportable, respiré hondo. Así se podía resistir.*[40]

En 1969 se publica en España *Se prohíbe hablar de los otros*, una novela prácticamente desconocida que cuenta cómo un joven descubre su homosexualidad realizando el servicio militar, para acabar en una clínica donde le aplican electroshocks con la promesa de que así podrán «curarlo». Al otro lado del Atlántico, en

---

[39] Badinter, *op. cit.*, pp 125-126.
[40] Joan, *Se prohíbe hablar de los otros*, p. 263.

la ciudad de Nueva York, el Stonewall Inn asiste a la revuelta fundacional del actual movimiento LGTB. ¿Cómo pasaron las prácticas sexuales que condenaba el discurso religioso a convertirse en un problema médico que podía corregirse o llegar a reivindicarse políticamente?

El modelo de la sodomía había cambiado: la Ilustración consiguió que se despenalizase y nuevos códigos penales por toda Europa empezaron a considerar estas conductas sexuales heterodoxas como una cuestión *privada*, que solo interesaba y se condenaba cuando trascendía a lo público. Pero la sexualidad, ahora un «campo de saber» como dijimos, provocó que la ciencia diera comienzo a la categorización de sus diferentes prácticas. A partir de una de ellas, la relación sexual entre dos varones, se construyó todo un dispositivo de control médico, que se pretendía corresponder con el legal a través de una nueva penalización, y que tuvo como fruto un nuevo tipo social: el homosexual. En palabras de Foucault, «el sodomita era un relapso, el homosexual es ahora una especie».[41]

Uno de los primeros médicos en acercarse al nuevo *personaje* fue Ambrosio Tardieu. Lo llamaba aún pederasta, pues no se había creado todavía el término «homosexual», y trataba así de vincularlo con la Antigüedad y diferenciarlo de la sodomía entre personas de diferente sexo. En su *Estudio médico-legal sobre los delitos contra la honestidad*, publicado originalmente en 1857 y traducido al castellano en 1882, nos presenta su imagen arquetípica:

---

[41] Foucault, *Historia de la sexualidad*, I, p. 45. Veremos más tarde la no poca influencia que, casi de un modo trágico, tuvieron en este proceso las primeras reivindicaciones en defensa de los derechos de las personas homosexuales.

El carácter de los pederastas, y sobre todo de aquellos que, por pasión o por cálculo, buscan y atraen a los hombres, se pinta a menudo en su exterior, en su traje, en sus maneras y en sus gustos, que, en cierto modo, reflejan la perversión antinatural de sus inclinaciones sexuales. [...] Cabellos rizados, tez llena de afeites, cuello escotado, talle apretado de manera que resalten las formas; dedos, orejas, pecho, cargados de joyas, exhalando toda la persona el olor de los más penetrantes perfumes, y en la mano un pañuelo, flores o alguna labor de aguja, tal es la fisonomía extraña, repugnante y con razón sospechosa que denuncia a los pederastas.[42]

Las prácticas sexuales heterodoxas de los sodomitas «perfectos» se habían convertido, como indicaba Foucault, en una persona concreta con unos rasgos muy precisos. Al menos como estereotipo, pues el mismo Tardieu afirma que algunos de estos sujetos pueden no presentar ninguna evidencia física de sus gustos, sin que ello le suponga un problema para llegar a diferenciar incluso pederastas activos y pasivos según sus características externas.

En España el estudio de referencia que categoriza las heterodoxias del sexo y el género es sin duda *La mala vida en Madrid*, de Bernaldo de Quirós y Llanas Aguilaniedo, aparecido en 1901 y que diferencia invertidos puros, «con tendencia irresistible a comportarse como individuos del sexo contrario»; pseudoinvertidos, «unisexuales, que a pesar de serlo manifiestamente desempeñan el acto sexual el papel propio de su sexo»; los unisexuales dimorfos o dígamos, «homosexuales de bodas dobles, según las circunstancias»; y los polisexuales, «individuos que presentan combinadas la unisexualidad en una o varia de sus formas con la

---

[42] Tardieu, *Estudio médico-legal sobre los delitos contra la honestidad*, p. 315.

heterosexualidad o amor al sexo contrario».[43] Entre esas categorías están, respectivamente, los que hoy llamaríamos hombres gais que prefieren el rol pasivo, el activo, ambos, y los bisexuales. Habla también el texto del tipo específico del *uranista*, sobre el que volveremos más tarde, y describe varios individuos para extraer conclusiones, así como del tribadismo, que hoy denominaríamos lesbianismo. Sus descripciones, en ocasiones acompañadas de fotografías, recuerdan la descripción que Baroja, médico al fin y al cabo, hace del «Cotorrita» en *El árbol de la ciencia*:

> Hoy he visitado una casa de la calle de Barcelona, en donde el matón es un hombre afeminado, a quien llaman el *Cotorrita*, que ayuda a la celestina al secuestro de las mujeres. Este invertido se viste de mujer, se pone pendientes, porque tiene agujeros en las orejas, y va a la caza de muchachas;[44]

y es curioso observar que uno de los tipos que ofrece *La mala vida en Madrid*, que tiene por apodo «da Fotógrafa», comparte el sobrenombre con Julián Suárez, el personaje homosexual que presenta Cela en *La colmena*.

Invertidos, pervertidos, unisexuales, monosexuales, uranistas, tríbadas... La ciencia categorizó de muy diferentes maneras todas las prácticas apartadas de la norma, que en esta época recibe al fin el nombre de *heterosexual*, en lo que Jonathan Katz ha venido a llamar el «concurso "dele un nombre a esa perversión"».[45] Llamas y Vidarte hacen un resumen muy útil de las principales consideraciones sobre la homosexualidad que han partido de la

---

[43] Bernaldo de Quirós y Llanas Aguilaniedo, *La mala vida en Madrid*, pp. 248-251.

[44] Baroja, *El árbol de la ciencia*, p. 220.

[45] Katz, *op. cit.*, p. 86.

ciencia: «la homosexualidad es fruto de una detención en el desarrollo sexual», «corresponde a una fijación, a un quedarse anclados en fases preedípicas», y muchas otras, entre las que quiero destacar «una estrategia de huida y miedo ante la castración y la aceptación de la diferencia de los sexos» y «un fracaso a falta de algo mejor por no haber podido llegar a alcanzar una virilidad o una feminidad plenas».[46] Vuelve a aparecer la cuestión del género y el análisis que interpreta determinadas prácticas sexuales como propias en exclusiva de lo masculino o lo femenino. Veremos más adelante como uno de los mayores logros supuso, precisamente, que se valorase la posibilidad de que la práctica sexual preferida y el género del sujeto no tuvieran en realidad ninguna relación más que la que se interpretaba culturalmente, y así se llegase a diferenciar finalmente orientación sexual, o del deseo, e identidad de género.

A pesar de esto, no cambió en gran medida la forma con la que la ciencia entendía las sexualidades heterodoxas. Lo que *debía* hacer un varón y lo que *debía* hacer una mujer se interpretaban como obligaciones naturales inalterables. Y, cuando se descubrieron y empezó a hablarse de ellas, fueron las hormonas las que sustituyeron al discurso psiquiátrico en la explicación de esos comportamientos fuera de la norma. Se pensó que los varones que deseaban o mantenían relaciones sexuales con varones, y las mujeres que las tenían con otras mujeres y sentían atracción erótica hacia ellas, tenían en su organismo más hormonas propias del otro sexo que del propio; y así se procedió a tratar de reparar este problema que se entendía como puramente fisiológico mediante terapias de hormonación. Gregorio Mara-

---

46 Llamas / Vidarte, *Homografías*, p. 166.

ñón fue el pionero en estos análisis y, aunque hoy lo interpretemos de forma negativa, en su momento supuso uno de los principales avances, pues gracias a esta nueva forma de pensar se defendía que el homosexual no era culpable de sus actos: «el invertido es, pues, tan responsable de su anormalidad como pudiera serlo el diabético de la glucosuria».[47]

De todos modos, este planteamiento más liberal se pervirtió rápidamente para transformarse en un paternalismo médico que sentía lástima por la figura del homosexual. Campos, en *Las aberraciones del sexo*, afirma que «las personas que se entregan a este vicio por codicia o perversión son merecedoras de cualquier castigo; pero las víctimas por naturaleza de esta aberración son dignas no de indulgencia, pero sí de una especie de entristecida compasión».[48] Y, aunque se diferenciase un «buen homosexual» de otro malvado, quedaba claro que, si los homosexuales eran enfermos, podían ser tratados. Así encontrábamos la referencia literaria de *Se prohíbe hablar de los otros* con la que dábamos comienzo a este apartado, a la que pueden acompañar otros ejemplos como *La máscara de carne*, una novela popular traducida y publicada en España en 1961 en la que el protagonista acude a un médico que, cuando se le pide una cura, responde: «Aun cuando no sea totalmente posible volver a hacer de usted un hombre normal, sí será posible adormecer un poco su vida sexual».[49] Para ello se empleó, como decimos, la terapia hormonal con Cyproteron,[50] similar a la que padeció Alan Turing, y los

---

[47] Ugarte, *op. cit.*, p. 118.
[48] Campos, *Las aberraciones del sexo*, p. 264.
[49] Meersch, *La máscara de carne*, pp. 63-64.
[50] «En los casos en que se ha aplicado el "Cyproteron", todos los pacientes sexualmente anormales, después de un breve tratamiento, se declararon libres de sus apeti-

electroshocks citados, junto a otros «tratamientos» a cuál más agresivo.[51] Hasta 1973 la homosexualidad no fue retirada del *Manual diagnóstico y estadístico de los trastornos mentales* (DSM), y hasta el 17 de mayo de 1990 la Organización Mundial de la Salud no dejó de considerarla una enfermedad. No obstante, la transexualidad sigue figurando hoy como un trastorno en el DSM.

Todo este proceso en que las sexualidades heterodoxas fueron sometidas al análisis y control médico fue acompañado de otro de apariciones intermitentes en los textos legales. Dijimos que las antiguas penas sobre sodomía desaparecieron con la influencia en Europa del Código Penal Napoleónico, pero se mantuvo el delito del escándalo público y reaparecieron las penas a lo que ahora se consideraba ya homosexualidad. En el caso específico de España, la sodomía quedó despenalizada con la desaparición de la Inquisición, y no es hasta el código correspondiente a la dictadura de Primo de Rivera, en 1928, cuando reaparecen como delito las conductas homosexuales. El advenimiento de la Segunda República instauró un nuevo código que no las mencionaba, pero ya en 1954 se modifica la Ley de Vagos y Maleantes y se incluye a las personas homosexuales, no por sus prácticas, sino por entenderse que son más propensas a realizar actos delictivos. Las condenas posibles consistían en el internamiento en un «establecimiento de trabajo o colonia agrícola», si bien se señalaba que «los homosexuales sometidos a esta medida

---

tos sexuales excesivos» (Arias Condeminas / Artiguezola Salgado, *Amor, matrimonio y sexualidad*, p. 311).

[51] Las terapias empleadas a lo largo del último siglo, y que aún siguen practicándose hoy en algunas clínicas, han sido estudiadas por Joaquín Esteban en su *Enfermedad homosexual. Un siglo de investigaciones y tratamientos*, que expone las diferentes interpretaciones médicas de la homosexualidad y las «terapias» que se han puesto en práctica.

de seguridad deberán ser internados en instituciones especiales y, en todo caso, con absoluta separación de los demás», añadiendo la posibilidad de prohibirles la residencia en un lugar preciso, así como de someterse a vigilancia (art. 6.2).

En 1956 aparece un curioso texto de Mauricio Carlavila, *Sodomitas*, que colabora con la política represiva del régimen franquista al vincular la figura del homosexual con la del rojo y el masón, sirviéndole como paradigma de todo ello Manuel Azaña. Ya en su prólogo apreciamos bien el tono de la escritura:

> La manada de fieras sodomitas, por millares, se lanza a través de la espesura de las calles ciudadanas en busca de su presa juvenil... Disfrazada de persona, la fiera sodomítica ojea entre el matorral ambulante de las aceras su pieza preferida, el cándido muchacho, más grato a su ávida pupila cuando más inocencia lleva retratada en su fisonomía... La alimaña sodomita, valida de su apariencia humana, una vez elegido el joven, se le aproximará, entablará conversación con cualquier pretexto, lo invitará en un bar, lo llevará al cine... desarrollará su «conquista» con todo el arte y las tretas de un Don Juan... ¡para qué detallar más![52]

La Ley de Vagos y Maleantes permanecerá vigente hasta 1970, año en que se aprueba la Ley de Peligrosidad y Rehabilitación Social, que mantiene similares penas, si bien modifica «homosexuales» por «los que realicen actos de homosexualidad», cambiando la denominación de los «establecimientos», que ahora son «de reeducación» (art. 2.b.3). El párrafo quedó abolido en 1979, si bien el escándalo público siguió siendo tipo penal hasta

---

[52] Carlavila, *Sodomitas*, pp. 9-10.

1989, aunque desde 1983 no se perseguía, al menos oficialmente, la homosexualidad. El avance, a partir de entonces, puede considerarse sorprendente: si entonces «un 83 por ciento consideraba que lo que había que hacer con la homosexualidad era "hacerla desaparecer", y un 80 por ciento daba su apoyo a una ley contra la homosexualidad», hoy ese mismo porcentaje dice aceptarla sin problema, bien porque así lo crea, bien porque considere que esa es la única respuesta socialmente aceptable.[53]

La transformación de la sodomía en un problema médico, a partir de las siempre sesgadas informaciones aportadas por psiquiatras y endocrinos, y de nuevo en un delito genera una forma de discriminación que actualiza los planteamientos propios de la Antigüedad y de las concepciones en torno a las prácticas sexuales y de género en las que medió la divinidad durante la época de la sodomía. Sigue considerándose, en el primer caso, que la sexualidad adecuada, ahora *sana*, es aquella que se espera del género de cada individuo y, en cuanto a lo legal, se persigue la desviación, ahora como atentado contra el orden social, si bien no deja de ser este un trasunto de un orden natural cuya última referencia es el orden divino, como sucedía en la época en que primaba el pensamiento religioso según el cual se castigaba con la hoguera, heredera a su vez de la pena de muerte del Levítico y del escarnio público y la pérdida de derechos civiles de Grecia y Roma que se correspondían con la alteración del orden de género.

La norma de que los comportamientos sexuales heterodoxos han de ser condenados ha sido una constante a lo largo de la

---

[53] Villaamil, *La transformación de la identidad gay en España*, p. 18; «Un estudio señala que España es el país donde la homosexualidad es más aceptada», http://www.elperiodico.com/es/noticias/sociedad/estudio-senala-que-espana-pais-donde-homosexualidad-mas-aceptada-2411009 [consultado el 14-6-2016].

Historia, como es constante la consideración como inadecuada de cualquier conducta sexual que se aparte de lo establecido según el género de cada persona. Dedicaremos las siguientes páginas a estudiar cómo se manifiesta esa intolerancia en el momento en que escribimos, cuando conviven aún los modelos de prohibición, cuya coexistencia es preciso comprender para atacar adecuadamente sus consecuencias.[54] Por eso siempre es necesario hacer un poco de historia: para entender mejor qué sucede hoy.

---

[54] Kosofsky Sedgwick, *Epistemología del armario*, p. 64.

LA NATURALEZA DE LA HOMOFOBIA

La homofobia es normalmente la última de las opresiones que se menciona, la última en ser tomada en serio, la última que se considera. Pero es extremadamente seria, a veces hasta el punto de ser fatal.

Barbara SMITH, *Homofobia, ¿por qué hablar de ella?*

Hace apenas cincuenta años se inventó la palabra «homofobia». Se la debemos al psicólogo George Weinberg, que construyó el concepto *homophobia* en torno a 1970 para poder dar respuesta a un problema: las ciencias llevaban cien años —quizá muchos más, como hemos visto antes— hablando sobre las prácticas sexuales heterodoxas, investigando acerca de la problemática específica que suponían las personas que no se adecuaban al modelo heterosexual; pero nadie se había detenido a estudiar otra cosa que no fueran esas «desviaciones» de la norma. Nadie prestaba atención a por qué se perseguía a todo aquel cuya sexualidad no se manifestara de acuerdo con las reglas de la heterosexualidad.

Weinberg crea el término «homofobia» para emplearlo en su intento de curar la *fobia* que algunas personas sienten hacia las sexualidades no ortodoxas, en particular hacia la homosexualidad, fobia que para él es una enfermedad mental. Afirma que «si ella no ha sido definida así por los expertos es porque el punto de vista de quien la padece concuerda con las opiniones de estos, según las cuales los homosexuales son personas perturbadas».[55] Hablaremos más tarde sobre si es adecuado o no considerar la homofobia como una enfermedad mental, pero resulta importante destacar que a partir de Weinberg comienza a invertirse el punto de partida para pensar acerca de las sexualidades heterodoxas: el problema ya no son quienes se apartan de lo normativo, sino aquellos que no toleran la posibilidad de que alguien pueda no obedecer la norma.

Aunque en un primer momento algunos autores valoraron otras posibles formas para hablar de esta hostilidad —Boswell llegó a ofrecer la palabra «homosexofobia» para precisar más adecuadamente de qué se trataba—,[56] el término no tardó en hacerse de uso frecuente y llegar al castellano. En el Corpus de Referencia del Español Actual, una herramienta de la Academia Española donde se ofrecen ejemplos de uso de cuantas palabras tiene nuestra lengua, encontramos «homofobia» por vez primera el 3 de junio de 1980, en una noticia publicada por el diario *El País*: «Homosexuales franceses se manifiestan a favor de una reforma del Código Penal». No vuelve a aparecer en la base de datos hasta el 13 de abril de 1996, con otra noticia, esta vez de *El Mundo*: «Agresión a dos homosexuales en el Retiro»; y a partir de entonces el uso de «homofobia» se hace cada vez más habitual en nuestra lengua, hasta que por fin se recoge en el *Diccionario de la Real Academia* en el año 2001.[57]

---

[55] Weinberg, *La homosexualidad sin prejuicios*, p. 19.
[56] Boswell, *Cristianismo, tolerancia social y homosexualidad*, p. 454n. Borrillo recoge también «homoerotofobia» y «heterosexismo», término del que luego hablaremos, en *op. cit.*, p. 22.
[57] Según la misma base de datos, las primeras apariciones de los adjetivos derivados de «homofobia» se encuentran en 1987 de «homofóbica», 1997 «homofóbico», 1998

Desde ese momento no resulta complicado encontrar una definición de «homofobia», pero revisarla puede que sea tan interesante como necesario. El *Diccionario* académico definía la palabra de la siguiente manera:

1.- Aversión obsesiva hacia las personas homosexuales;

si bien en 2014 la Academia publica una nueva edición, que incorpora una ligera modificación con la que la definición pasa a ser:

2.- Aversión hacia la homosexualidad y las personas homosexuales.

Son solo dos sutiles diferencias, pero llenas de significado. Ambas comparten el concepto de «aversión» —«rechazo o repugnancia frente a alguien o algo», según la Academia—, pero cuando se elimina «obsesiva» se reconoce que la homofobia también es una «aversión» cuando no se manifiesta de esa manera, esto es, que una conducta homófoba no requiere de una determinada intensidad para ser considerada como tal. Por otra parte, al incorporar que, además de hacia las personas, la homofobia puede dirigirse hacia la homosexualidad en sí misma, se acepta que su objeto no son únicamente las personas sino también la abstracción que parece recogerlas y, en correspondencia, la homofobia se eleva desde una cuestión concreta a un problema abstracto.

«homófobo» y 2004 «homófoba». Ésta última forma es la que parece de más uso actualmente.

Estas dos definiciones nos son útiles para comenzar la tarea de saber a qué nos referimos cuando hablamos de homofobia, pero resultan insuficientes. El *Diccionario* de María Moliner, que ofrece «aversión hacia los homosexuales», tampoco aclara demasiado. Al hablar únicamente de una «aversión» olvidan algunos aspectos de la homofobia que superan ese sentimiento. Debemos recurrir, entonces, a los trabajos de algunos investigadores que han intentado concretar más el concepto desarrollando sus propias definiciones.

3.- Aversión, miedo o fobia obsesiva hacia los homosexuales.
4.- Rechazo a los homosexuales, mujeres y hombres, por el hecho de serlo.
5.- Actitud hostil respecto a los homosexuales, hombres o mujeres.[58]

Las tres tratan de precisar una emoción, pero es posible diferenciar cómo se define en cada una de ellas y encontrar diferencias entre «aversión, miedo o fobia obsesiva», «rechazo» y «actitud hostil». La tercera definición habla de este sentimiento con tres palabras y parece ser cuantificable: una aversión resultaría menos intensa que una fobia obsesiva. En la cuarta se ofrece el concepto de «rechazo», siendo «rechazar», según la Academia, «mostrar oposición o desprecio», y podemos valorar que la persona homófoba no se limita a lo emocional, sino que expresa su sentimiento reaccionando con una respuesta ante el estímulo: «muestra» algo que con la anterior definición parecía no ser manifestado claramente, y que quizá ya no se refiera tanto a un sen-

---

[58] Corresponden respectivamente a Rodríguez, *Diccionario gay-lésbico*, p. 205; Mira, *Para entendernos*, p. 388; y Borrillo, *op. cit.*, p. 13.

timiento de miedo como de desprecio, cuyo origen pudiera ser otro muy diferente. Por último, la quinta resulta similar a la anterior, pero emplea la «actitud hostil», «contrario o enemigo» para la RAE, y encontramos de nuevo que la homofobia no solo consiste en una emoción sino también en su exteriorización, en la conducta que se le adscribe, que parece más agresiva al valorarse como «hostil». Es importante precisar, por otra parte, que las tres definiciones olvidan la adición de la Academia: que la homofobia también se dirige contra la homosexualidad en sí misma, no solo contra un grupo más o menos definido de personas. Sobre estas, las dos últimas precisan que se trata tanto de hombres como de mujeres, y la cuarta ofrece una información fundamental: «por el hecho de serlo». La aversión, rechazo u hostilidad aparece como reacción a la sexualidad de esas personas, no por cualquier otra de sus características.

Hasta ahora hemos encontrado que la homofobia consiste en un sentimiento negativo que puede graduarse desde la aversión o repugnancia hasta la actitud «enemiga», que puede exteriorizarse también en mayor o menor medida, y cuyo objeto son las personas homosexuales y la propia idea de la homosexualidad. Descubriremos cosas nuevas con otra definición:

> 6.- La homofobia es un dispositivo de control social que marca los límites de género prescritos a los hombres y que estigmatiza a quienes no los alcanzan y también a quienes los quiebran.[59]

Ya no hablamos de aversión, rechazo u hostilidad, sino de un «dispositivo de control social». Para comprender el concepto de

---

[59] Guasch, «¿Por qué los varones son discriminados por serlo?...», p. 91.

«dispositivo», resulta útil recuperar la aproximación que sobre él hace Foucault, que afirma que se trata de

> un conjunto resueltamente heterogéneo que incluye discursos, instituciones, instalaciones arquitectónicas, decisiones reglamentarias, leyes, medidas administrativas, enunciados científicos, proposiciones filosóficas, morales, filantrópicas; brevemente, lo dicho y también lo no-dicho: estos son los elementos del dispositivo. El dispositivo mismo es la red que se establece entre estos elementos.[60]

No se trata únicamente de un sentimiento, sino de todo un entramado de planteamientos articulados en torno a una cuestión. Si además añadimos la definición de «dispositivo» de la Academia, «mecanismo o artificio para producir una reacción prevista», queda claro que la homofobia supone ya mucho más que un determinado sentimiento y su expresión. Se convierte en una realidad que se estructura dentro de un grupo humano y no solo mandata una determinada reacción ante un estímulo, sino que configura y organiza todas las consideraciones posibles en torno a este, que ya no son las personas homosexuales ni el abstracto de la homosexualidad, sino «los límites de género[61] prescritos a

---

[60] Citado en Agamben, *¿Qué es un dispositivo?*, p. 10.

[61] Patricia Martínez Redondo ofrece una de las mejores definiciones de género que he podido encontrar, más allá de las conocidas, ahondando en la desigualdad estructural entre hombres y mujeres: «el género es un principio de organización social que genera / se inscribe en la subjetividad e identidad. Es un concepto relacional, procesual y dinámico, estando su contenido en continua transformación. Sin embargo, sus bases son: la dicotomía «hombre-mujer» (estableciéndola como algo *natural* y con la heterosexualidad como sistema también *naturalizado* de organización del deseo), y que conlleva la subordinación y minusvaloración de lo asociado al género femenino-las mujeres (los cuerpos leídos mujeres)», en su web Género y Drogode-

los hombres». De este modo la homofobia pasa de ser un sentimiento o acción individual contraria a unas personas concretas, o a la abstracción de la homosexualidad, a ser un mecanismo mediante el que un grupo humano regula los roles de género que deben acatar los varones. Cabe preguntarse por qué solo ellos y responder que, por el contexto, Guasch ofrece esta definición en un texto en que únicamente estudia el caso masculino, así como es posible considerar que para hacer cumplir su rol a las mujeres existe ya el dispositivo del machismo.[62] Este cambio en el objeto de la homofobia deja atrás la mera realización de la sexualidad a través de sus prácticas, subsumiéndolas en la cuestión del género. Sucede que en este punto se entiende, y creo que adecuadamente, que los mandatos de género no solo se refieren a su expresión, a comportarse de un modo más o menos masculino o femenino, sino que también prescriben el deseo y las conductas sexuales aceptables. De un varón se espera la virilidad, de una mujer la feminidad, y ambas requieren de una orientación del deseo heterosexual.

Tras este salto desde lo particular a lo colectivo, es posible precisar aún más la definición de la homofobia:

> 7.- La homofobia puede ser definida como la hostilidad general, psicológica y social respecto a aquellos y aquellas a

---

pendencias (www.generoydrogodependencias.org/2016/01/10/perspectiva-de-genero-y-drogas-intervencion-con-mujeres [consultado el 14-6-2016]. Una ampliación de esta definición puede encontrarse en *Extrañándonos de lo normal*, de la misma autora, pp. 99-107.

[62] Badinter apoyaría esta idea cuando afirma que homofobia y misoginia «afectan a diversos tipos de víctimas, pero son las dos caras de una misma moneda. La homofobia es el odio de los hombres hacia las cualidades femeninas, y la misoginia es el odio, también entre las mujeres, hacia las cualidades femeninas», *op. cit.*, p. 50.

quienes se supone que desean a individuos de su propio sexo o que tienen prácticas con ellos. Forma parte específica del sexismo, la homofobia rechaza también a todos los que no se conforman con el papel predeterminado por su sexo biológico. Construcción ideológica consistente en la promoción de una forma de sexualidad (hetero) en detrimento de otra (homo), la homofobia organiza una jerarquización de las sexualidades y extrae de ella consecuencias políticas.[63]

Repartida en tres frases encontramos la definición más detallada hasta el momento. En primer lugar se recoge que la hostilidad es ahora mucho más que un sentimiento o una cuestión psicológica: también comprende lo social, mediante todos los planteamientos recogidos bajo el concepto de «dispositivo». En cuanto a su objeto, no menciona ni a las personas homosexuales ni la abstracción de la homosexualidad: resulta mucho más amplio al referirse a las prácticas sexuales, sobre las que introduce además el importante factor de la suposición, de la mera conjetura, que conlleva que la homofobia no es solo una respuesta frente al ejercicio de una determinada sexualidad sino también comprende la valoración externa de qué prácticas puede hacer o desear hacer una persona. Del mismo modo, añade que «la homofobia rechaza también a todos los que no se conforman con el papel predeterminado por su sexo biológico» y reconoce así, como la anterior, que uno de sus objetivos es la perpetuación de las normas de género, gracias a lo que puede vincularla al sexismo. De este modo, la homofobia es una forma de machismo, porque salvaguarda la diferenciación entre los géneros persiguiendo a

---

[63] Borrillo, *op. cit.*, p. 36.

quienes no se adecuen debidamente a los comportamientos, también los sexuales, que les son prescritos. Por último, en esta última definición encontramos una negatividad ya presente en las anteriores, no solo por describir la homofobia como un sentimiento o conducta contrario a algo o alguien, sino porque se defiende que el motivo que provoca su aparición es que una persona *no se comporte* según lo normativo en cuanto a sus prácticas sexuales o a cómo expresa su género. De esta afirmación se desprende que la homofobia es una «construcción ideológica», como antes era un «dispositivo», que favorece la heterosexualidad afirmándola indirectamente y persigue o convierte en subsidiaria cualquier «desviación» de la norma, al mismo tiempo que establece una jerarquía en la que una determinada realidad resulta privilegiada respecto a las demás. Así, la homofobia pasa de ser un comportamiento a ser un sistema.

Pero ¿cómo se manifiesta ese sistema? Hace unas páginas Monique Wittig nos advertía de los peligros de las abstracciones, que nos pueden hacer olvidar «la violencia material (física) que realizan diariamente sobre los y las oprimidos». En las definiciones que hemos visto no hace referencia alguna a las realizaciones concretas de la homofobia, a cómo se ejercita para tratar de imponer esa visión social que la caracteriza como dispositivo abstracto. Esto provoca que se cumpla el pronóstico de Wittig y que resulte difícil vincular la idea inmaterial de la homofobia con sus formas de manifestarse, como le sucedió a José Ignacio Pichardo en una de sus reuniones con profesores cuando un docente defendió que el acoso escolar no tiene nada que ver con la homofobia.[64]

---

[64] Pichardo Galán *et al.*, «La diversidad sexual en los centros educativos», p. 103.

Para definir la homofobia necesitamos estudiar sus manifestaciones, porque hablar de ella como de algo inmaterial solo sirve para desatender el procedimiento mediante el que se convierte en una realidad tangible. El Feminismo suele emplear la metáfora de las *gafas violetas* gracias a las que es posible apreciar todos los matices del machismo. Usaremos nuestras propias *gafas rosas*, gemelas de las gafas feministas, para desgranar todo lo que encierra la homofobia. En lugar de tratar de comprenderla como una idea abstracta, la afrontaremos como un proceso cultural mediante el que una persona, cuando percibe un estímulo determinado, debe recurrir a un conjunto de planteamientos que le indican cómo interpretar esa realidad y cómo debe comportarse ante esa situación. Y solo gracias al análisis de esos comportamientos, a entender que más que «homofobia» hemos de hablar de «proceso homófobo», nos será posible comprender el funcionamiento de una *idea* que a diario se concreta en violencia de unas personas hacia otras, y llegar a definir la homofobia adecuadamente.

¿CÓMO SE MANIFIESTA LA HOMOFOBIA?

¿Cómo son las reacciones que una persona puede decidir poner en práctica cuando percibe el estímulo que inicia el proceso de la homofobia? Suele diferenciarse una forma de homofobia interna, del pensamiento, que se expresa más que sutilmente, de una homofobia conductual, que se precisa en el «rechazo, agresiones físicas o verbales, burlas, insultos, etc.».[65] Ambas tienen en co-

---

[65] Pichardo Galán, «Homofobia y acoso escolar», p. 22.

mún que suponen formas de violencia[66] que la homofobia ejerce de forma directa o indirecta contra sus víctimas.

Juan Antonio Herrero Brasas diferenciaba en *La sociedad gay* dos formas de violencia hacia gais y lesbianas: la violencia pasiva, que consiste en las descalificaciones injuriosas con la apariencia de ser simples chistes, y la violencia activa, que se manifiesta en lo físico y de la que recoge algunos ejemplos: cuatro gais asesinados en Madrid en 1979, otro degollado en Barcelona en 1985, atentados contra locales barceloneses en 1986, dos gais apuñalados en Madrid en 1993, agresiones en Pamplona en 1994, y numerosos ataques en el madrileño parque del Retiro. Añade además que «a estos incidentes ocasionalmente aireados por la prensa habría que añadir muchos otros en que las víctimas guardan silencio, ese silencio que es resultado del temor a revelar su identidad, inculcado desde pequeño, como uno de esos seres objeto de burla».[67]

Hoy nos llegan noticias de ataques contra hombres gais en otros países: en 2011 fue asesinado el activista ugandés David Kato, en 2012 murió el joven Daniel Zamudio en Chile tras seis horas de tortura y casi un mes hospitalizado, y pueden sumarse las crónicas de las manifestaciones del Orgullo en diferentes puntos de Europa del Este, sobre todo en Rusia, que suelen acabar violentamente, y las recurrentes ejecuciones de hombres homo-

---

[66] Empleo una concepción amplia de «violencia», entendida según la definición de Galtung: «cualquier aspecto evitable que impide la autorrealización humana». Sobre las acepciones de «violencia» y de «agresión» (que entiendo, como Bushman y Huesmann, «cualquier conducta que intenta dañar a otra persona que no quiere ser dañada»), recomiendo el trabajo de Fernández Villanueva, Revilla Castro y Domínguez Bilbao *Psicología social de la violencia*.

[67] Herrero Brasas, *La sociedad gay*, pp. 323-325.

sexuales que lleva a cabo el DAESH. Pero en el Occidente que va aprobando el Matrimonio Igualitario en cada vez más países nos parece impensable que pueda existir aún violencia física contra personas no heterosexuales. Si en su momento las prácticas sexuales heterodoxas se achacaban a los extranjeros —«bujarrón» tiene su origen etimológico en «búlgaro»—, hoy queremos pensar que es la violencia homófoba la que viene de fuera.[68] «En la España del siglo XXI», dice Óscar Guasch, «las personas gays tienen la convicción de ser libres. Pese a que solo pueden ser gays a tiempo parcial y en espacios acotados para ello. Les es permitido amarse y ser visibles en contextos predeterminados ajenos (aunque accesibles) al resto de la población. Quienes cruzan las fronteras de las reservas adaptadas a la gente gay se exponen a violencia clara o sutil de quienes no lo son».[69] El reconocimiento de algunos derechos sobre el papel y la construcción de espacios supuestamente libres, guetos, donde manifestar libremente la heterodoxia sexual ha provocado una falsa impresión de libertad.

Pero aproximadamente desde finales de 2014 han ido sucediéndose en España las noticias que registran esa violencia contra personas no heterosexuales. Posiblemente, el punto de inicio definitivo de este nuevo interés hacia la cuestión sea un incidente que

---

[68] Y en ocasiones se emplea este pensamiento como forma de vindicar fingidamente derechos para las personas de sexualidad heterodoxa en tanto se manifiesta una profunda xenofobia. Como ejemplo, la campaña del partido de ultraderecha Vox en las elecciones municipales de 2015, que advertía de que una de las consecuencias de la supuestísima islamización de España sería el recrudecimiento de la homofobia, señalando que «no queremos que desde la Giralda se arroje a los homosexuales». http://www.eldiario.es/andalucia/eleccionesandalucia2015/Vox-Podemos-islamizacion-Espana-identidad_0_365714300.html [consultado el 14-6-2016].

[69] Guasch, *Héroes, científicos, heterosexuales y gays. Los varones en perspectiva de género*, p. 111.

tuvo lugar en la madrugada del 26 de abril de 2015, en la que cuatro jóvenes fueron agredidos hasta en tres ocasiones por el mismo grupo de personas en las inmediaciones de la Gran Vía madrileña, sin llegar a obtener ayuda efectiva por parte de la policía municipal aun cuando le fue solicitada,[70] y a la que siguió una multitudinaria concentración en repulsa organizada en la plaza de Chueca por el colectivo madrileño Arcópoli.[71] Se añadía a dicho ataque el recién publicado *Informe sobre delitos de odio* del Ministerio del Interior, que reflejaba un incremento en los casos de agresiones homófobas. En 2013 se registraron 452 casos de delitos de odio motivados por la orientación sexual o la identidad de género de la víctima, un 38,56% del total (1.172), que se transformaron en 513 casos en 2014, un 39,92% del total (1.285), con un aumento a nivel nacional del 13,5%, que en el caso de la Comunidad de Madrid fue de más de un 100%. Sorprendentemente, el pasado 2015 fueron solo 169 los casos registrados, únicamente un 12,72% de los 1.328 totales. Pero no es que se esté acabando la homofobia en España: simplemente está contabilizándose mejor. Porque los informes de 2013 y 2014, como se deduce de la tipología de hechos que ofrecen, mezclan los delitos de odio motivados por la homofobia con las agresiones sexuales a mujeres, desvirtuando completamente las conclusiones que podrían extraerse de estos datos.[72]

---

[70] «Agreden a cuatro chicos gays al grito de "maricones" en la Gran Vía de Madrid», http://www.cascaraamarga.es/sociedad/56-sociedad/11293-agreden-a-cuatro-chicos-gays-al-grito-de-maricones-en-la-gran-via-de-madrid.html [consultado el 14-6-2016].

[71] «Chueca se manifiesta contra las agresiones homofóbicas», http://www.cascaraamarga.es/sociedad/56-sociedad/11336-chueca-se-manifiesta-contra-las-agresiones-homofobicas.html [consultado el 14-6-2016].

[72] Desde hace un tiempo, son los colectivos quienes deben encargarse de recoger los datos de las agresiones homófobas ante la incapacidad del Ministerio para realizar

No es posible comparar el informe de 2015 con los anteriores, pero sí puede establecerse una relación con datos de otros países donde se recogen adecuadamente. *SOS Homophobie*, en Francia, ofrece cifras muy diferentes a las españolas: en 2012 se registraron 1.977 incidentes homófobos, que aumentaron hasta los 3.517 en 2013, año en que se aprobó el Matrimonio Igualitario y fueron muchas y muy agresivas las movilizaciones en contra; para volver a descender hasta los 2.197 casos en 2014. Por su parte el observatorio True Vision, que aporta datos sobre delitos de odio de Inglaterra y Gales, también presenta cifras similares siguiendo el curso escolar. En 2012-13 contabiliza 4.241 casos de incidentes homófobos, un 9,65% del total (43.933), añadiendo 394 en que las víctimas eran personas trans. Aumenta el registro en el curso 2013-14, con 4.584 sucesos, un 10,3% del total (44.471), con 557 casos con víctimas trans y, de nuevo en 2014-15, se alcanza la cifra de 5.597 incidentes, un 11% del total (52.528), sumando también 605 delitos con víctimas trans.[73] Años antes, la policía del estado de Nueva York reconoció que las víctimas homosexuales del primer trimestre de 1990 se habían triplicado respecto al año anterior, mientras que en 1989 se registraron más de 7.000 agresiones, incluidos 62 asesinatos. «Hay razones para creer que las agresiones violentas contra las personas gays constituyen el delito más común y que más crece

---

adecuadamente este trabajo. Desde 2008 en Cataluña el FAGC está al frente del Observatori contra l'Homofòbia, y desde 2015 la asociación madrileña Arcópoli coordina el Observatorio Madrileño contra la Homofobia, Transfobia y Bifobia, en que participan muchas otras entidades de la región.

[73] Los datos españoles pueden observarse en http://www.interior.gob.es/web/servicios-al-ciudadano/delitos-de-odio/estadisticas, los informes de True Vision en http://report-it.org.uk/hate_crime_data1 y los de SOS Homophobie en https://www.sos-homophobie.org/rapportannuel [consultados el 14-6-2016].

entre los delitos que se están volviendo legalmente conocidos en Estados Unidos como delitos relacionados con los prejuicios o con el odio», decía Kosofsky Sedgwick, añadiendo que esta «amenaza extrajudicial» resulta más potente que las sanciones institucionales a la homosexualidad.[74] Su afirmación no solo sigue vigente años después, sino que parece que el problema se agrava, como se desprende de la reciente matanza de Orlando, el 12 de junio de 2016, donde murieron cuarenta y nueve personas y fueron heridas cincuenta y tres en un atentado que quiso entenderse motivado únicamente por la confesión islámica del asesino.

Comparando los datos franceses e ingleses con los españoles, y observando desde la distancia temporal los americanos, podría llegar a pensarse que en España la homofobia está desapareciendo, pero la realidad es muy diferente. La Agencia Europea de Derechos Fundamentales valora que solo se denuncian entre el 10 y el 20% de los delitos de odio, pero es preciso suponer que el problema de la infradenuncia es todavía mayor en España, pues al problema en sí que denuncia la Unión Europea deben añadirse las deficiencias en el registro, dado que nuestra policía está aún desinformada. Y junto a ella el común de la población, pues aunque algunas entidades se consideren históricas en el trabajo sobre la cuestión, esta no ha alcanzado el espacio de debate público prácticamente hasta que el Ministerio del Interior ha comenzado a realizar estos informes —aun de un modo tan deficiente— y los colectivos más jóvenes han empezado a centrar su trabajo en el tema de las agresiones.

Los datos disponibles indican que anualmente se incrementa el registro de incidentes homófobos en los que interviene la vio-

---

[74] Badinter, *op. cit.*, p. 145n; Kosofsky Sedgwick, *op. cit.*, pp. 30-31.

lencia física. Es posible pensar que, a medida que la visibilidad de las personas no heterosexuales es mayor, son más susceptibles de sufrir una agresión. También que su progresivo empoderamiento les hace perder la vergüenza a confesar su heterodoxia sexual delante de la policía, y ahora se denuncia más de lo que se hacía antes. Y por último puede afirmarse que realmente son más los casos de agresiones hoy que hace unos años. Yo comparto esta última consideración, y la sustento en que, como sucede en otros muchos casos de discriminaciones, es precisamente cuando menos se diferencian dominado y dominante cuando más cruelmente se manifiesta la violencia. Sea blanco, varón o heterosexual, quien ejerce poder sobre otras personas lo obtiene gracias a la diferenciación, que coloca a todas ellas en un lugar inferior. Pero cuando las personas negras alcanzan la ciudadanía aparece el Ku Klux Klan, cuando las mujeres consiguen una relativa equiparación de derechos con los varones se desencadena la apabullante oleada de violencia de género que estamos viviendo. Y cuando las personas no heterosexuales dejamos atrás los estereotipos grotescos y conseguimos derechos que incluyen incluso el Matrimonio Igualitario aumentan las agresiones homófobas. Hannah Arendt decía sabiamente que «el dominio por la pura violencia entra en juego allí donde se está perdiendo el poder».[75]

En todo caso, solo hablamos hasta ahora de las agresiones físicas que, si bien son lógicamente las más fácilmente perceptibles, esconden otras muchas formas de violencia contra personas no heterosexuales. Según el informe de *SOS Homophobie* del que antes hablábamos, de los incidentes denunciados

---

[75] Arendt, *Sobre la violencia*, p. 72.

en 2014 solo el 8% consistía en una agresión física. Es el momento de colocarnos bien nuestras gafas rosas para reconocer la homofobia y sus manifestaciones más allá de la violencia material.

La violencia verbal

«En el principio hay la injuria. La que cualquier gay puede oír en un momento u otro de su vida, y que es signo de su vulnerabilidad psicológica y social»,[76] dice Didier Eribon poco antes de recordar el valor performativo del insulto. Porque la descalificación verbal no solo pretende describir lo que el hablante considera una realidad; cuando una persona pronuncia «maricón»,[77] «bollera», «travelo», «vicioso» y tantas otras de las palabras de las que dispone nuestra lengua, no intenta únicamente expresar su valoración sobre lo que él considera que es la persona a quien describe. También intenta recordarle su lugar en el mundo. La carga negativa de desprecio que acompaña a estos términos se transporta a través de ellos hacia quien los recibe, y así la injuria trata de enseñar a las personas injuriadas cuál debe ser su posición dentro de la jerarquía de las sexualidades.

Aunque son las personas quienes construyen las palabras, estas esperan en la lengua a ser adquiridas por nuevos hablantes. Por eso, en cierto modo, las palabras nos preceden, y algunas las

---

[76] Eribon, *Reflexiones sobre la cuestión gay*, p. 29.

[77] *Maricón*, el más clásico insulto castellano contra la heterodoxia sexual, aún vigente en todas las zonas hispanohablantes, celebrará en 2017 su quinto centenario, desde que fuera registrado por vez primera en la *Comedia serafina*, de Torres Naharro. El uso generalizado de *gay*, como término políticamente contrario, cuenta apenas cincuenta años. Son dos magnitudes temporales que conviene tener presentes para valorar con qué fuerza cuenta la *cultura de la homofobia* y cuánta es la que tiene el movimiento en defensa de los derechos de las personas no heterosexuales.

aprendemos antes aún de saber a ciencia cierta qué significan. Un niño que escucha «maricón» entiende su carga despectiva antes de comprender qué es exactamente un «maricón». Cuando lo entienda, la valoración negativa de esa realidad será automática, porque ya contaba con la conciencia de su componente peyorativo. Si ese niño, además, siente que de algún modo puede identificarse con ese término, tratará en todo momento de adecuarse o de oponerse a los estereotipos que se han transmitido junto a esa palabra. Si, por el contrario, no cree que pueda servir para describirle, intentará también evitar el contagio de su contenido descalificante contrarrestando con su comportamiento la conducta estereotipada que acompaña al insulto. Así, de un modo u otro, escuchar una sola palabra marcará la vida de dos personas, tanto si se pueden identificar con ella como si no pueden hacerlo.

Sucede además que un insulto como «maricón» hunde sus raíces en nuestra lengua provocando derivados que, aun referidos a otras realidades, perpetúan el estigma que traslada. Calificar algo como «una mariconada» no trata de referir esa cuestión según la cualidad[78] de heterodoxia sexual, pero le transfiere las características del estereotipo. Solo hay que recordar que la Academia todavía afirma que, aun siendo un término despectivo, un «marica» es un hombre «apocado, falto de coraje, pusilánime o medroso». Y los propios términos también se utilizan para llamar a personas sin tener por qué llevar en sí mismos, supuesta-

---

[78] Utilizo siempre cualidad, y no el frecuente término de «condición», para hablar de la orientación sexual y la identidad de género. Entiendo que una cualidad siempre *cualifica*, pero que una condición acostumbra a *condicionar*. Las palabras son poderosas, y esconden a veces intereses perversos, como los de aceptar un *condicionamiento* previo en nuestra forma de afrontar nuestras *cualidades*.

mente, su significado central, porque «no se hace con mala intención o con ánimo de hacer sentir mal a nadie»;[79] pero la proliferación de esos usos ¿bienintencionados? no consigue sino banalizar la agresión, que siempre queda encubierta, porque, como recuerda Borrillo, «cada insulto proferido recuerda la existencia del orden sexual y de su jerarquía».[80]

Las palabras colaboran muy activamente en la producción social de la realidad y, mientras siga perpetuándose el empleo de términos despectivos, la carga peyorativa de palabras como «maricón» seguirá trasladándose a las realidades que pueden seguir describiéndose con esos conceptos. Algunos activistas defienden la reapropiación de esos conceptos, insistiendo en que, si son las propias personas no heterosexuales quienes los usan para autodescribirse, se invalida así su contenido despectivo.[81] Yo temo el efecto contrario: que precisamente este uso sirva para la perpetuación del uso habitual, que encuentra un nuevo argumento en que haya personas describibles con esos términos que «no se sienten insultados» cuando los utilizan entre ellas. En todo caso, me gusta recordar siempre una frase de Marcela Lagarde, cuando en una conferencia le preguntaron sobre el posible uso del despectivo «feminazi»: «¿Por qué emplear la lengua de la dominación?». Y es importante añadir que, ya sea con estos conceptos despectivos reapropiados, ya con nuevas palabras para describir las mismas realidades, «cambiar las palabras sin cambiar

---

[79] La frase aparece citada literalmente como argumentación de este uso que se pretende no hiriente en el estudio de Pichardo Galán («Homofobia y acoso escolar», p. 23) realizado en centros de enseñanza.
[80] Borrillo, *op. cit.*, p. 117.
[81] Llamas, *Teoría torcida. Prejuicios y discursos en torno a «la homosexualidad»*, pp. 374-376.

las relaciones sociales que las configuran sirve para esconder la violencia de la desigualdad, pero no acaba con ella».[82]

La violencia invisibilizada

Además de esa violencia que se sufre en la carne o se encierra en las palabras, existe también la «que llamo violencia simbólica, violencia amortiguada, insensible, e invisible para sus propias víctimas», que «no es una simple representación mental, un fantasma ("unas ideas en la cabeza"), una "ideología", sino un sistema de estructuras establemente inscritas en las cosas y en los cuerpos».[83] Esta forma de violencia homófoba, que llamaremos invisibilizada porque así lo ha sido a través de procesos de eternización y naturalización, que llevan a pensar que «siempre estuvo ahí» o que es «natural», funciona en un nivel simbólico a través de una serie de axiomas sobre la sexualidad que no solo sirven como ideas fundamentales sino que conforman todo un esquema de análisis de la realidad. De este modo, cualquier interpretación, decisión y acción solo pueden ser articuladas dentro de los márgenes de ese sistema cultural que es *el pensamiento heterosexual*. Por eso mismo esta forma de homofobia, la más cercana a la categoría de «dispositivo» de la que antes hablábamos, no deja de ser relevante por el mero hecho de ser únicamente simbólica. Aunque no disponga de la misma materialidad que los golpes o las palabras, es desde este plano desde donde parten el resto de las manifestaciones de la homofobia. La decisión de agredir o insultar a una persona no heterosexual la toma

---

[82] Guasch, *La crisis de la heterosexualidad*, p. 20n.
[83] Bourdieu, *La dominación masculina*, pp. 12, 57.

el agresor dentro de un marco referencial que *a priori* le parece incuestionable, y es precisamente este el que es necesario erradicar para lograr acabar definitivamente con la *cultura de la homofobia*. Como señalaba antes Guasch, podremos cambiar las palabras, pero sin eliminar el sistema cultural donde se asientan solo conseguiremos generar nuevos conceptos, que únicamente servirán para perpetuar ese mismo sistema, ahora sutilmente edulcorado bajo nuevas formas de nombrar viejos problemas. Por eso toda revolución sexual debe ser ante todo una revolución del pensamiento.

Es preciso considerar, en cuanto a la forma de perpetuarse de esta homofobia invisibilizada, las palabras de Bourdieu cuando analiza la violencia simbólica que se ejerce contra las mujeres:

> La violencia simbólica se instituye a través de la adhesión que el dominado se siente obligado a conceder al dominador (por consiguiente, a la dominación) cuando no dispone, para imaginarla o para imaginarse a sí mismo o, mejor dicho, para imaginar la relación que tiene con él, de otro instrumento de conocimiento que aquel que comparte con el dominador y que, al no ser más que la forma asimilada de la relación de dominación, hacen que esa relación parezca natural.[84]

De este modo, la participación de las personas no heterosexuales en el sistema cultural que conforma la homofobia es imprescindible para que la dominación perdure. Sucede que, a falta de otras posibilidades, todos los seres humanos somos educados en ese «instrumento de conocimiento» que supone el marco referencial de la heterosexualidad, y necesariamente compartimos de partida sus axiomas.

---

[84] Bourdieu, *op. cit.*, p. 51.

Bien es cierto que, en estos momentos y como consecuencia de un trabajo activista que viene denunciando los injustos principios de dominación que sustentan estos esquemas de percepción brindando otras posibilidades, dicho sistema parece encontrarse en plena actualización, pero no ofrece por el momento más que algunos tímidos avances. Es necesario plantearse que, aunque el *pensamiento heterosexual* pueda llegar a aceptar la abolición de alguno de sus postulados, sigue y seguirá manteniendo otros muchos. Por eso conviene mencionar algunos de ellos: ¿cuáles son los *principios fundamentales del régimen heterosexual* que sostienen la *cultura de la homofobia*?

1.- *Todos los seres humanos son heterosexuales.* Suele llamarse a este axioma «presunción de heterosexualidad», y consiste en la suposición de que en todos los ámbitos el interlocutor se adecua perfectamente a la norma sexual. Esto se traduce en situaciones violentas concretas, como por ejemplo en los contextos médico y educativo, con médicos y profesores que no valoran la posibilidad de que sus pacientes y estudiantes puedan no ser heterosexuales, lo que puede provocar errores diagnósticos y deficiencias educativas.[85]

2.- *La heterodoxia sexual puede corregirse.* En caso de que aparezca una desviación de la normativa sexual, esta se debe a una elección personal o a un error concreto en el desarrollo de la persona, y es posible volver atrás y «corregirlo». En lugar de hablar de homosexualidad, se considera que esa «atracción hacia el mismo sexo» (AMS) puede ser «curada» mediante un determina-

---

[85] Borrillo, *op. cit.*, p. 121.

do tratamiento. Las «terapias reparativas» son defendidas actualmente por algunos sectores de la jerarquía de la Iglesia católica y en ciertas publicaciones pseudocientíficas como las de Richard Cohen,[86] dando lugar a movimientos «exgay» y «extrans», entre los que son habituales los escándalos: muchos defensores de estas terapias acaban desdiciéndose e incluso pidiendo perdón a quienes fueron víctimas de sus técnicas de tortura, que empiezan a prohibirse en más estados. La aparición de cada vez más *ex-exgais* abre un camino a la esperanza, esta vez de verdad.

3.- *Las personas no heterosexuales son diferentes.* Si no es posible «curar» la heterodoxia, esta debe ser diferenciada de manera suficiente como para hacer posible la discriminación, incluso a través de un retorcido discurso pretendidamente liberal que simule ejercer la discriminación como forma de respetar esa misma diferencia, distinguiendo por ejemplo una institución heterosexual, el matrimonio, de otra apta para personas no heterosexuales, la unión civil.[87] Si bien es cierto el axioma de que «las personas son diferentes entre sí»,[88] lo relevante no es tanto la diferencia en sí

---

[86] Destaca *Comprender y sanar la homosexualidad*, donde el autor defiende una terapia consistente en técnicas y herramientas como el deporte, el psicodrama, la biblioterapia, algunas curiosas como la «relación con el mentor», el «masaje terapéutico» y la religiosidad exacerbada. Añadiendo a estas la ira, como el sentimiento considerado más útil para el proceso, no cabe duda de que se trata de un procedimiento para sublimar el deseo heterodoxo y vincularlo a la ira y a la religión, que no puede producir sino un violento fanatismo religioso.

[87] Borrillo, *op. cit.*, pp. 63, 32-34.

[88] Kosofsky Sedgwick, *op. cit.*, pp. 35, 38-39. La autora critica los ejes de género, raza, clase, nacionalidad y orientación sexual como significativos para establecer diferencias, cuando hay muchos otros. En mi opinión, olvida que el hecho de que sean esos y no otros debe asociarse a que son los que con más probabilidad pueden provocar

misma cuanto el proceso por el que se construye como elemento suficientemente importante como para negar derechos a un grupo de personas *diferenciado* a través de determinados estereotipos y categorías. Estas, generadas en su momento con la intención del etiquetado discriminatorio, ya sea desde el discurso religioso o el médico-legal, pueden luego actualizarse como etiquetas autodesignadas —las conocidas lesbiana, gay, bisexual y transexual, y últimamente muchas más, aún más precisas—. Presentan dos cualidades significativas: son estancas, sin que sea «permisible» el cambio de una a otra una vez impuesta aquella, y de ahí el gran problema de la común interpretación de «bisexual» como etiqueta inviable, pues se considera popular y equívocamente, dentro del binarismo monosexista, como compuesta de otras dos; y son unívocas, esto es, resulta difícil adjudicar más de una, y así la categoría «transexual» ofrece la dificultad de, al designar una determinada identidad de género, presuponer también una supuesta orientación sexual que puede o no coincidir con la real.

4.- *La heterodoxia sexual no debe ser visible*. Interpretada la diferencia de la sexualidad como una cuestión referida al ámbito de lo *privado*, a pesar de que las expresiones secundarias de la sexualidad ortodoxa estén legitimadas para inundar lo público, se demanda sobre la cuestión una *discreción*, como única forma de superar la paradoja entre la necesidad de la confesión, para ser diferenciado, y la imposibilidad de esta, para no quebrar el pri-

---

una serie de violencias resultantes de la misma diferenciación, esto es, que son los ejes *significados* para establecer diferencias.

mer axioma.[89] De esta tensión entre lo invisible, lo visible y lo discreto nace el dispositivo del *armario*, que como elemento que gestiona la visibilidad genera vínculos amistosos entre personas que comparten el secreto y «adquiere carácter de frontera simbólica»,[90] para acabar sirviendo como punto de partida para la construcción de una identidad colectiva, que convierte el ritual de la *salida del armario* en una de las claves del proceso político de reivindicación.[91] Por contra, el uso estratégico del armario, el *armario inteligente*, que permite evitar males mayores escogiendo la forma de visibilidad según el contexto, puede acabar sustentando un discurso que reivindica el *derecho al armario*.[92] Como consecuencia, encontramos que una mera visibilización de la heterodoxia que asuma y perpetúe el resto de los axiomas del *pensamiento heterosexual* no libera realmente, sino que transforma el armario en un *armario de cristal*, donde se sigue preso, aunque visible, y puede seguir limitando otras muchas expresiones de la sexualidad heterodoxa.

---

[89] Warner esboza una reflexión sobre este tema en *Público, públicos, contrapúblicos* vinculándolo a la reflexión feminista sobre lo público y lo privado. Kosofsky Sedgwick ofrece un interesante ejemplo de esta paradoja en el ámbito educativo a través del caso Acanfora, profesor gay despedido por haberse descubierto su homosexualidad, que no hubiera sido contratado de haberla manifestado desde un principio (*op. cit.*, p. 94). Los profesionales de la docencia conocemos bien el supuesto, tan habitual en los centros de enseñanza religiosos.

[90] Viñuales, *op. cit.*, p. 78.

[91] Villaamil, *op. cit.*, pp. 73-74.

[92] A este respecto, comparto la visión de Signorile, para quien «el derecho al armario no existe», ya que «si estáis dentro del armario no es por elección. Habéis sido forzados a meteros en él desde la infancia, y habéis sido presos de una sociedad hipócrita y homófoba», en *Queer in America*, p. 363. Agradezco a Héctor López Vila la traducción al castellano del «Queer manifesto» con que Signorile da fin a su libro.

5.- *No es necesario representar la realidad de las personas no heterosexuales.* Derivado del anterior axioma, encontramos que el *armario* se extiende más allá de las personas de sexualidad heterodoxa y convierte su realidad en irrepresentable en todos los ámbitos. Entre ellos destaca el de los medios de comunicación, que ejerce su *violencia mediática* silenciando los contenidos que exponen sexualidades más allá de lo normativo u ofreciéndolos de acuerdo con una serie de estereotipos, ya sean los clásicos del *mariquita*, la *machorra* y el *travesti*, empleados como caracteres grotescos, o, sobre todo a partir de la aprobación del Matrimonio Igualitario, otros nuevos con rasgos pretendidamente positivos pero que también responden a unos estereotipos concretos y se ofrecen bajo unas determinadas reglas irrenunciables, entre las que destaca la castidad obligatoria o la pareja cerrada. Resulta evidente, además, este procedimiento de invisibilización cuando se ofrecen informaciones sobre determinados actos violentos. La matanza de Orlando antes mencionada puede resultar paradigmática: no solo fue atendida con menor atención y profundidad que otros atentados como el perpetrado contra *Charlie Hebdo*, según un subprincipio que defendería que *las personas no heterosexuales no somos noticia*; sino que también fue constante el silenciamiento del móvil último de la masacre, la homofobia, en pos de sostener un determinado discurso acerca del yihadismo.

6.- *Dos personas del mismo sexo no son una pareja.* Este principio surge en parte como consecuencia del anterior, pues al no ser representada socialmente una pareja de personas del mismo sexo es difícil reconocerla, si no es a través de estereotipos, y también como respuesta a la reivindicación del Matrimonio Igualitario. Descansa sobre un antiguo axioma que puede subsumirse en este: *las personas no heterosexuales son más promiscuas*; lo que lleva a construir otro: *las personas no heterosexuales no son capaces de mantener un compromiso.* Debe señalarse la paradoja de que, si a las personas no reconocidas como heterosexuales no se les permite el acceso a las instituciones que promocionan la pareja cerrada, es difícil que puedan a llegar a asumirla como un valor, aunque realmente lo hagan por influjo de la normativa cultural. En todo caso, resulta evidente que los argumentos que privilegian como institución exclusiva de la heterosexualidad el matrimonio, que supuestamente *siempre* se ha realizado entre hombre y mujer y *siempre* se ha vinculado a lo religioso, son fácilmente refutables: el cristianismo no lo ha considerado un sacramento hasta época muy reciente, mientras que civilmente es reconocido desde antiguo, y en diferentes momentos de la historia pueden encontrarse formas de unión entre personas del mismo sexo bajo el auspicio de entidades religiosas, como sucede en el caso europeo y cristiano de la *adelfopoiesis*, bien estudiada por John Boswell en *Las bodas de la semejanza*.

7.- *Las personas no heterosexuales no son aptas para ejercer la crianza.* De nuevo como consecuencia del axioma precedente encontramos este, que se emplea para impedir el acceso de personas no heterosexuales a los procedimientos de acogida y adopción y a las técnicas de reproducción asistida. Aunque ha sido demostrado por diferentes estudios que la orientación sexual o identidad de género de los tutores no influye en la de los menores a su cargo —y prueba de ello es la propia existencia de las sexualidades heterodoxas—, el principio de que *la heterodoxia sexual puede corregirse* lleva a pensar que el «error» que la provoca, que quiere encontrarse en la ausencia de la figura masculina o femenina, puede producirse mediante la crianza. El fondo de la cuestión se encuentra, evidentemente y de nuevo como consecuencia del dogma previo, en la misma concepción de la familia y el debate de si debe ser limitada a lo que se denomina *familia nuclear* o es extensible al conjunto de realidades posibles entre personas que conviven, como viene siendo reivindicado.

8.- *Las personas no heterosexuales tienen menos necesidades*. A partir de estos principios sobre lo familiar nace un nuevo problema: hace poco la Universidad Anglia Ruskin de Cambridge descubrió en un estudio que los hombres no heterosexuales cobran de media un 9% menos que sus pares heterosexuales[93] y, aunque es habitual el prejuicio de que sucede precisamente al contrario, apoyándose esta idea en que al no tener necesidad de mantener a los hijos las parejas del mismo sexo disponen de dos sueldos libres de esa responsabilidad, creo que es precisamente el hecho de no tener descendencia lo que puede provocar que no se perciba la «necesidad» de un mayor sueldo, pues supuestamente no hay personas a cargo del trabajador no heterosexual.

9.- *Las personas no heterosexuales no tienen autoridad*. Vinculado al anterior, encontramos este axioma que se sustenta en que las personas cuya virilidad puede ser puesta en tela de juicio no disponemos de autoridad porque esta se valora como una cualidad masculina. Pero la desautorización llega más allá del ámbito laboral: tampoco estamos autorizadas para expresar nuestras ideas

---

[93] «Los hombres homosexuales ganan un 9% menos que los heterosexuales», http://www.cascaraamarga.es/sociedad/56-sociedad/10382-los-hombres-homosexuales -ganan-un-9-menos-que-los-heterosexuales.html [consultado el 14-6-2016].

y, de este modo, toda la crítica elaborada por los *Estudios gais y lésbicos* puede cuestionarse, porque los autores de las opiniones, siendo personas de sexualidad heterodoxa, no disponen de legitimidad. Resulta una refutación *ad hominem* totalmente falaz, pero provoca que el discurso *legítimo* sobre la sexualidad siga en manos de las personas heterosexuales y que, cuando debe buscarse un experto en la materia, se recurra únicamente a ellas. El ejemplo perfecto es Aquilino Polaino como especialista invitado por el Partido Popular para participar en el debate parlamentario español sobre el Matrimonio Igualitario.

10.- *Las personas no heterosexuales transmiten enfermedades.* Por último, y fundamentalmente a partir de la aparición del VIH, se instaura este precepto, pues es sabido que en un principio se responsabilizó a los hombres homosexuales de la propagación del virus. No se trata, con todo, sino de una actualización de la antigua creencia de que la sodomía conllevaba cierta serie de desgracias, así como de que el propio estigma de la sexualidad heterodoxa puede contagiarse a través de la influencia de las personas no heterosexuales, y de la propia consideración de la heterodoxia sexual como una enfermedad. Sucede entonces que a partir de este axioma da comienzo una discriminación en el ámbito sanitario, como sucede con la donación de sangre, convirtiendo en equivalentes unas prácticas sexuales no seguras con una identidad sexual no normativa, que se refuerza además mediante el anterior punto acerca de la promiscuidad.

Estos son los principales preceptos que sustentan todo el sistema de la violencia simbólica a través del que se manifiesta la homofobia, que, como hemos visto, se entrelazan formando una «cadena simbólica [que] define cuántos sexos hay, cómo deben comportarse hombres y mujeres, cuál es la práctica sexual ideal y, por supuesto, cuál es la orientación sexual correcta».[94] Esta «ideología discriminatoria de las sexualidades» suele recibir el nombre de *heterosexismo*, término que se ofrece como parejo al de homofobia y que en ocasiones se emplea con la intención de alejarse de lo psicológico e individual para poner el foco de nuestra atención en «las relaciones sociales y las estructuras que generan y apoyan las creencias y las actitudes despectivas», si bien esto conlleva el problema de limitar el alcance crítico del concepto de homofobia.[95]

Hemos mencionado diez de sus preceptos, pero sería posible encontrar más, cruzados y derivados unos de otros, y elaborar una larga lista que requeriría de un estudio pormenorizado de estos axiomas, así como de la aplicación de cada uno a todos los ámbitos en que puedan manifestarse. Si nos detenemos en solo uno de ellos, el campo de lo educativo, encontraremos que «dos tercios de los chicos que muestran un deseo homosexual han sufrido insultos homófobos y más de la mitad han sufrido burlas y comentarios. Uno de cada cinco chicos y chicas homosexuales han sufrido golpes; uno de cada diez, palizas; y tres de cada diez, exclusión, por lo que la orientación sexual se muestra como un factor de riesgo para sufrir acoso escolar, ya que es al menos tres veces superior a aquellos datos mostrados por los compañeros y compañeras heterosexuales».[96] Esta es la consecuencia material de los principios de los que venimos hablando: sostienen un esquema de interpretación a través del que se ejerce la violencia

---

[94] Viñuales, *op. cit.*, p. 19.
[95] Fassin, citado por Borrillo, *op. cit.*, pp. 35-36n; Rodríguez, *op. cit.*, p. 197; Tin, *Diccionario Akal de la Homofobia*, p. 260.
[96] Pichardo Galán *et al.*, «Actitudes ante la diversidad sexual», p. 92.

física y verbal, porque la homofobia comienza con la minusvaloración, el desprecio, la deshumanización del otro, y en un momento dado se transforma en insultos y golpes.

La violencia cotidiana

Si bien hemos hablado de los principios abstractos que sustentan la violencia simbólica, es necesario señalar que, de igual manera que pueden acabar traduciéndose en conductas de violencia física o verbal, existe también una serie de manifestaciones en lo cotidiano de todos estos axiomas. La *homofobia cotidiana* o *microhomofobia*[97] se materializa en multitud de expresiones y conductas que refuerzan las consideraciones hegemónicas acerca de las sexualidades heterodoxas. Preguntas por una *novia* dirigidas a hombres homosexuales y por un *novio* a mujeres lesbianas, comentarios jocosos acerca de la *fase* que se supone atraviesan las personas bisexuales y todo un conjunto de sorpresas y preguntas incómodas y dirigidas a personas trans son sus expresiones más evidentes.

Dado que esta violencia cotidiana se ejerce de manera puntual, aunque constante, y sus consecuencias no son tan claramente dañinas como puede ser la agresión física, la injuria, o la discriminación institucional, suelen no ser siquiera detectadas. Quien las padece llega a considerar, dentro del marco del *pensamiento heterosexual* en que ha sido educado, que son cuestiones consustanciales del orden social, irrelevantes porque no tienen consecuencias directas. Es el conocido caso de algunas personas

---

[97] El término fue desarrollado por Carlos G. García en 2015, a través del blog Microhomofobias: https://microhomofobias.wordpress.com [consultado el 14-6-2016], calcando el concepto *micromachismo*, de uso habitual por parte de la crítica feminista.

no heterosexuales que llegan a afirmar no haber sentido nunca la discriminación, quizá más por una cuestión de insensibilidad que porque en el contexto social de dicha persona realmente no exista la homofobia, como indica Amelia Valcárcel habitualmente analizando el caso del machismo.

La homofobia es consustancial a nuestro orden sociocultural, y dejar impunes todas estas *microviolencias* tiene, aunque no una consecuencia directa, una de gran importancia: es a través de estas formas cotidianas de homofobia como todo el sistema del heterosexismo consigue perpetuarse, reproduciéndose una y otra vez como único sistema cultural válido. Una de las claves para acabar con la homofobia, como veremos, será emplear adecuadamente nuestras gafas rosas para detectar estas situaciones de discriminación, denunciarlas, y así romper la cadena de reproducción de la *cultura de la homofobia*.

La nueva cara de la violencia homófoba

La conjunción *pero*, tan habitual en las expresiones de la microhomofobia, es posiblemente una de las mejores claves para detectar una nueva forma de discriminación que se esconde bajo el disfraz de una falsa tolerancia: la *homofobia liberal, poshomofobia, neohomofobia...* Se ha llamado de muchos modos, y siempre suele manifestarse de la misma forma. «Tengo muchos amigos gais, pero...» es por antonomasia la antesala de la materialización de alguno de los principios de los que venimos hablando: «... pero no creo que deban criar niños», «... pero lo suyo no debería llamarse matrimonio», etc. El caso más evidente de este doble juego en que se presenta el interlocutor como sumamente tolerante, *pero* realizando una serie de excepciones a su tolerancia, puede encontrarse en uno de los testimonios recogidos por José Ignacio Pichardo en su estudio con estudiantes:

> Existen los gays, personas normales que no pregonan su orientación sexual. Y después están las mariconas: que están gritando que quieren sexo y lo bien que se lo pasan. ¡Esa gente me da asco! Se merecen un desprecio total.[98]

Los cambios que se han venido produciendo en el sistema cultural, con una paulatina mayor aceptación de otras formas de sexualidad, han construido una nueva forma de expresión para la homofobia, que se adapta al nuevo contexto. Tolerancia e incluso empatía a nivel individual por parte de las personas no heterosexuales, mientras que se condena otras formas de expresar la heterodoxia sexual estereotipadas y diferentes a las que, en teoría, presenta el sujeto interpelado. La homofobia se deslocaliza dirigiéndose hacia quienes no están presentes, se valora la individualidad y se perpetúa el estigma hacia el grupo, «considerando inaceptable cualquier política de igualdad» mediante una «violencia simbólica que se caracteriza por dos tipos de sentimientos respecto a gays y lesbianas: a) sus demandas son ilegítimas; y b) transgreden valores». Una nueva homofobia que, además, considera que «la homosexualidad es solo un asunto sexual, es solo sexo y, por lo tanto, no tiene por qué ocupar un espacio en la vida pública»,[99] reforzando así el principio de la necesaria *discreción* para convertirse en un heterodoxo respetable.

Se generan interesantes conclusiones a partir de esta forma de homofobia, pues, aun cuando el liberal homófobo empatiza

---

[98] Pichardo Galán, «Homofobia y acoso escolar», p. 22.
[99] Borrillo, *op. cit.*, p. 23; Viñuales, *op. cit.*, p. 108; Llamas, Vidarte, *op. cit.*, p. 82.

con la problemática de las personas no heterosexuales, se desvelan los oscuros fundamentos de su forma de pensar. En otro de los textos recogidos por Pichardo, un estudiante afirma «que se casen si quieren, pero no me parece bien que tengan hijos porque los niños sufren el rechazo»,[100] y se hace evidente la aceptación del *statu quo* que perpetuará la condena de cualquier forma no normativa de sexualidad, sin que se pretenda en ningún momento poner en funcionamiento medidas para erradicar la discriminación. La afirmación de que «los niños sufren el rechazo» suena cercana y sentimental, pero revela que quien pronuncia esas palabras ni siquiera considera posible que pueda hacerse algo para acabar con ese rechazo. En definitiva, podemos afirmar, junto al maestro Mira, que «la homofobia no ha desaparecido, solo ha cambiado de forma».[101]

¿CUÁL ES EL OBJETO Y QUIÉNES SON LAS VÍCTIMAS DE LA HOMOFOBIA?

Todas las formas de violencia que hemos analizado son mecanismos mediante los que se manifiesta la homofobia, pero ¿hacia qué o quiénes se dirigen? Si consideramos que, en primer lugar, es la homosexualidad como idea abstracta el punto de interés de la homofobia, es posible que estemos cayendo en una trampa como la que indicaba Monique Wittig, porque a través de esa abstracción podemos olvidar que la homofobia se manifiesta mediante una violencia muy real hacia unas personas muy concretas.

---

[100] Pichardo *et al.*, «La diversidad sexual en los centros educativos», p. 101.
[101] Mira, *De Sodoma a Chueca*, p. 567.

Para averiguar quiénes son exactamente las víctimas de la homofobia, podemos empezar recurriendo al adjetivo homosexual, que al hablar de una persona nos dice que está «inclinada sexualmente hacia individuos de su mismo sexo», según el diccionario académico. Debe llamar nuestra atención, entonces, que sea posible diferenciar entre unas y otras personas según su sexualidad, sobre todo teniendo en cuenta los axiomas que analizamos antes; y también qué elemento concreto se toma como diferenciador. Porque «homosexual» no es quien prefiere que su pareja sea más o menos masculina o femenina, tenga más o menos edad, o comparta sus intenciones de procrear o no: la categoría «homosexual» se apoya únicamente en el sexo de la pareja.[102] Así, obtenemos que la homofobia, de manera más concreta, se dirige hacia aquellas personas que prefieren mantener relaciones sexuales con otras de su mismo sexo y, por tanto, su objeto no es otro que la posibilidad de llegar a realizar una determinada práctica sexual, el coito, con alguien de su mismo sexo, y que es posible identificar con la etiqueta social derivada de esa práctica, *homosexual*. El resto de las características que componen la identidad quedarían supeditadas a esta, e incluso puede llegar a entenderse que algunas son derivadas de ella.[103]

---

[102] Sobre todas las características que componen la identidad sexual, y por qué se selecciona precisamente esta, recomiendo el trabajo de Kosofsky Sedgwick «(A)queer y ahora», pp. 36-37.

[103] En este proceso intervienen dos conceptos relevantes, identidad e identificación, que han sido bien diferenciados por Herrero Brasas, que entiende *identidad* como un rasgo autodesignado e *identificación* como «un proceso social, normativo, externo al individuo» que culmina con la colocación de «la etiqueta que la sociedad, movida por intereses, prejuicios o malentendidos, coloca al individuo», y que hace absoluto uno solo de los rasgos de la persona y anula el resto de los «rasgos de identidad que confluyen en esa persona subsumidos bajo ese único rasgo» (*op. cit.*, pp. 381-382).

Ese rasgo se constituye así como el estigma, el «atributo profundamente desacreditador»,[104] que persigue la homofobia, cuyas violencias se ejercen contra las personas que muestran ese estigma solo por el mero hecho de presentarlo.

Para la identificación de esa cualidad no tiene tanta relevancia la autopercepción del sujeto como la percepción que se pueda hacer de él y, en nuestro caso, al no ser detectable a primera vista el estigma, debe ser revelado de algún modo para que la homofobia pueda actuar. Sin que el individuo lo confiese directa o indirectamente, por ejemplo declarándose homosexual o caminando de la mano de otra persona de su mismo sexo —en nuestra cultura, y fundamentalmente en el caso de los varones—, resulta imposible averiguar qué prácticas sexuales realiza o desea cada quien si no se observan en directo. ¿Cómo reconocer entonces a la persona que lo porta? Pueden tomarse una serie de caracteres que se entienden derivados de esa cualidad fundamental y emplearlos como signos que la revelan, construyendo así un estereotipo que por un lado convierte a todas las personas no heterosexuales en *idénticas*, pues todas se analizan según su adhesión al prototipo,[105] y por otra parte consigue una diferenciación suficiente respecto a quienes disfrutan de su sexualidad ortodoxa que los salvaguarda de llegar a ser percibidos como portadores de ese mismo estigma, aunque se dé el caso de que en ocasiones realicen esas mismas prácticas. Como es habitual, la categorización de una diferencia se emplea como chivo expiatorio para tra-

---

[104] Goffman, *Estigma*, p. 15.

[105] Respecto a esto resulta muy interesante una reflexión de Martha Shelley: «Durante años he sido marcada por vuestra etiqueta. El resultado es que cuando estoy entre gays, o en la cama con otra mujer, soy una persona, no una lesbiana. Cuando soy observada por el mundo hetero, me convierto en gay» («Lo gay es bueno», p. 70).

tar de esconder una determinada cualidad que puede ser más habitual de lo que se quiere reconocer.

En cuanto a esa categoría y cómo se construye y se percibe, dijimos que, aunque el concepto «homosexual» es reciente, siempre se ha asociado la práctica sexual que condena la homofobia con algunos rasgos de personalidad: Alfonso X hablaba de los «gestos de omne puto», y los manuales médicos de finales del siglo XIX ofrecían toda una serie de características que asocian al homosexual, entre las que destaca la expresión del género que la norma prescribe al otro sexo, la *pluma*. Olga Viñuales la define como «unos ambiguos marcadores visuales que indican la real o hipotética homosexualidad de otra persona» y, aunque reconoce que es «uno de los mejores logros de la comunidad homosexual, ya que permite que cualquier gay o lesbiana pueda reconocerse en cualquier lugar del mundo»,[106] también es uno de los desencadenantes, si no el principal, del proceso de la homofobia. Sobre esta cuestión, además, Pichardo indica que «la llamada *plumofobia* es un tipo específico de homofobia que permite a las personas homosexuales tener relaciones con personas de su mismo sexo pero no realizar roles que no se corresponden con su género»[107] y, como puede desprenderse de esta afirmación, diferenciar una y otra «fobia» tiene un efecto perverso, porque como antes apuntamos llega a ser posible aceptar el incumplimiento del mandato sobre la pareja adecuada para mantener relaciones sexuales siempre que, como compensación, siga cumpliéndose la norma en cuanto a la expresión de género, con lo que se privilegia un tipo imperceptible de *homosexual* que permanece invisible.

---

[106] Viñuales, *op. cit.*, pp. 85, 115.
[107] Pichardo Galán, «Homofobia y acoso escolar», p. 24.

De este modo, de la construcción del estereotipo que facilita la identificación de los diferentes surgen dos problemas relevantes. En primer lugar ya hemos mencionado que algunas personas que no se autodesignan con la etiqueta diferenciadora *homosexual* también llevan a cabo prácticas sexuales con personas de su mismo sexo y, por otra parte, determinados individuos presentan una expresión de género no normativa que pudiera reconocerse, según el estereotipo, como signo revelador del estigma. Así, unas y otros pueden ser víctimas potenciales de la homofobia, y descubrimos que cualquier persona que incumpla el mandato de género que se le prescribe en asociación a su sexo puede padecer la violencia homófoba, tal como se defendía en la sexta definición de homofobia que ofrecimos.

Para diferenciar la homofobia dirigida específicamente a personas homosexuales de la que vigila el género de toda la población, Daniel Borrillo ofrece los conceptos de *homofobia específica* y *homofobia general*.[108] Pero, como ya hemos señalado, es necesario considerar que, aunque se analiza por separado la práctica sexual y el rol de género, al comprender este último como signo a través del que reconocer la práctica es posible llevar a cabo un análisis a la inversa y entender que la conducta sexual puede estar comprendida dentro del mandato de género: que es el rol de género el objeto fundamental de la homofobia y que la llamada homofobia específica es una forma derivada de la homofobia general. De este modo, tratando de erradicar solo la homofobia que afecta a las personas que nos definimos según unas determinadas etiquetas no atacamos al origen real de la discriminación que padecemos. «La homofobia, como el racismo, interpela a toda la

---

[108] Borrillo, *op. cit.*, pp. 26-28.

sociedad», nos dice Óscar Guasch, que también señala como «la homofobia, en cuanto producto interclasista que afecta a todos los varones sin distinción, todavía no ha sido cuestionada por el conjunto de la sociedad, ya que sigue percibiéndose como algo que solo atañe a los gays. Apropiarse de la homofobia como si fueran sus víctimas exclusivas no parece que sea un éxito gay».[109]

Existen más víctimas de la homofobia que las personas etiquetables como *gais*, y no solo son los hombres heterosexuales que «lo parezcan», o incluso que mantengan relaciones sexuales con otros hombres sin cuestionar su etiqueta. También la homofobia se ejerce sobre determinadas personas con relación a otras de sus características igualmente susceptibles de discriminación. Las mujeres lesbianas se enfrentan a una conjunción de homofobia y machismo que genera una serie de especificidades que deben ser tratadas de manera particular a través de la categoría de la *lesbofobia*. Como indica Adriane Rich, «igualar la existencia lesbiana a la homosexualidad masculina porque las dos están estigmatizadas es borrar la realidad femenina una vez más».[110] Olga Viñuales ha estudiado en profundidad la cuestión y ha hallado, entre otras cosas, que «las lesbianas, porque son mujeres, suelen ser más sensibles a las demandas familiares que sus homónimos masculinos», y no puede olvidarse que, al mismo tiempo que «la lesbofobia va dirigida fundamentalmente hacia las mujeres que reproducen actitudes o comportamientos pensados como propios del género opuesto», la figura de la lesbiana supone también un mito erótico para el varón heterosexual; de igual manera que «la lesbofobia es también una forma particular

---

[109] Guasch, *Héroes, científicos, heterosexuales y gays*, pp. 115, 119.
[110] Rich, «Heterosexualidad obligatoria y existencia lesbiana», p. 67.

de erotofobia, en el sentido de que, por mucho que se conozca la existencia del lesbianismo, todavía hoy se ignora —o se pretende ignorar— el hecho de que una mujer pueda tener relaciones sexuales satisfactorias con otra».[111]

Las personas bisexuales, por su parte, no solo se enfrentan a la homofobia cuando son percibidas como homosexuales. Esa misma percepción supone ya una forma de *bifobia* o *monosexismo*, pues parte de la concepción de que todos los seres humanos han de categorizarse partiendo de que solo es posible el deseo hacia uno de los sexos; y se niega de este modo la misma existencia de la bisexualidad en aras de una interpretación binarista de la sexualidad. Esta discriminación cognitiva, que acostumbra a denominarse *borrado bisexual*, se une a otras muchas, como la interpretación de la bisexualidad como una fase hacia la homosexualidad, la creencia en un «privilegio bisexual» consistente en poder aparentar ser heterosexual y el requerimiento para *elegir* una u otra identidad monosexual, desvelando un rasgo también propio de la homofobia que hace entender la sexualidad heterodoxa como maleable según la voluntad, y que pretende dirigir dicha elección hacia el deseo al varón, pues se espera que el hombre bisexual se transforme en gay y que la mujer bisexual acabe comportándose como heterosexual. El discurso político bisexual denuncia, además y con razón, que la bifobia no solo la ejercen las personas heterosexuales, sino que también las homosexuales, que podrían llegar a considerar sus pares, suelen tener comportamientos y actitudes bífobas.[112]

---

[111] Viñuales, *op. cit.*, pp. 77, 111-113.
[112] Para un acercamiento a la realidad de la bisexualidad y la bifobia resulta imprescindible el texto de Shiri Eisner *Bi. Notes for a bisexual revolution*.

En último lugar, las personas trans han de afrontar su discriminación concreta, que toma el nombre de *transfobia* y vigila el cumplimiento de los roles de género, tal como hacía la homofobia, pero centrándose en que cada persona ha de expresar el género que le fue asignado al nacer de acuerdo con su genitalidad, no solo en las prácticas sexuales que se desea realizar. Miquel Missé afirma que funciona «como una opresión que sufre toda la sociedad y que se traduce en la presión para que los hombres sean masculinos y las mujeres femeninas, como una discriminación de la sociedad en general hacia las personas trans, como el rechazo entre las personas trans mismas y, finalmente, también de la persona trans a sí misma»; y cuya principal urgencia es la despatologización de la transexualidad, esto es, que deje de ser médicamente considerada como enfermedad mental. Indica el autor, además, que esta concepción genera una forma normativa de ser transexual que obliga a una serie de tratamientos para poder llegar a ser considerada *realmente* una persona del género sentido. El cisexismo —de *cisexual*, antónimo de transexual— consiste, como lo hacía la homofobia, en «invisibilizar y presentar un mundo en el que lo normal y lo mejor es ser un hombre si has nacido con genitales masculinos y ser una mujer si han sido femeninos; creando un marco en el que la identidad trans no es pensable».[113]

Todas estas discriminaciones concretas, lesbofobia, bifobia y transfobia, suelen encerrarse junto a la *gayfobia*, homofobia específica para los hombres homosexuales, bajo la fórmula *LGTBfo-*

---

[113] Missé, *Transexualidades*, pp. 16, 51, 121. El texto de Miquel Missé es un delicioso y utilísimo manual para aproximarse a la cuestión trans, y a él debe recurrirse para ampliar la información.

bia, concepto derivado de las siglas LGTB, que se emplean para agrupar las principales etiquetas identitarias. Existe el debate de si puede emplearse el concepto de la homofobia como término bajo el que subsumir todas ellas, con la argumentación en contra de que eso invisibiliza las cuestiones concretas a que se refieren. Personalmente, considero útiles tanto los términos específicos —necesarios para hablar de las discriminaciones particulares que hemos mencionado, y que de un modo u otro comparten rasgos con la homofobia y se vinculan de manera indisociable con ella— como el propio concepto de la homofobia, fundamental como instrumento de análisis; gracias a su estudio pueden arrojarse muchas luces sobre el resto de las realidades en que se presenta vinculada a otras cuestiones.

Por último, para comprender más adecuadamente las formas con que se manifiesta la homofobia según la persona a la que se dirige, es preciso analizar no solo las cuestiones referidas a la sexualidad que pueden categorizar al individuo, sino las que responden a otros motivos de discriminación, porque cuando la homofobia aparece asociada a muchas de ellas se generan violencias complejas que debemos analizar entendiendo sus relaciones, no a través de sus componentes de manera aislada. Contamos para ello con la interseccionalidad, que «se utiliza para señalar cómo diferentes fuentes estructurales de desigualdad mantienen relaciones recíprocas. Es un enfoque teórico que subraya que el género, la etnia, la clase u orientación sexual, como otras categorías sociales, lejos de ser "naturales" o "biológicas" son construidas y están interrelacionadas».[114] La homofobia no

---

[114] Platero, «Introducción. La interseccionalidad como herramienta de estudio de la sexualidad», p. 26.

es exactamente igual cuando su objeto es un hombre blanco occidental con recursos económicos que cuando lo es una mujer negra de un país «en vías de desarrollo» que mantiene relaciones sexuales con mujeres. La homofobia cambia cuando se ejerce hacia una u otra persona, pero todas ellas son igualmente sus víctimas y, como hemos dicho, erradicando esta violencia no solo aseguraremos la libertad de un grupo concreto de seres humanos, sino también la libertad de toda la Humanidad.

¿QUIÉNES SON LOS CULPABLES DE LA HOMOFOBIA?

Venimos hablando de la homofobia como un proceso a través del que unas determinadas formas de violencia, sustentadas por todo un sistema de pensamiento, se ejercen contra una serie de personas. Es el momento de averiguar quiénes son las personas responsables, qué características tienen, si se trata de personas aisladas, de grupos reconocibles o si, por el contrario, la homofobia está tan imbricada en nuestra cultura que cualquiera de nosotros y nosotras podemos llegar a ser homófobos.

Como hemos dicho, la homofobia, entendida como el sistema del heterosexismo, hace uso para manifestarse de todo un conjunto de pensamientos, consideraciones, creencias, instituciones, etc. que programan una determinada reacción frente al estímulo que supone la percepción de cualquiera de las sexualidades heterodoxas. Se trata de un proceso casi automático: según todo ese esquema de interpretación, una persona es capaz de percibir que otra no se corresponde con la normativa de la sexualidad, y es ese mismo sistema el que ordena responder a ese estímulo mediante la violencia, en un mandato que, como vimos, ha sido semejante a lo largo de la Historia. Pero el individuo, en esa situación, tiene capacidad de agencia: puede decidir si obedece o no el mandato de comportamiento aprendido. George H. Mead, a través de su teoría del interaccionismo simbólico, ofrece una diferenciación interesante sobre la composición cultural de la persona que, de manera similar a como Freud diferenciaba entre yo, ello y superyó, describe el *self*, la persona en sí, como la unión de un *mí*, que conoce todas las normas sociales aprendidas y trata de cumplirlas, y de un *yo*, que permite la espontaneidad y la posibilidad de escapar de lo normativo, que permite decir no al imperativo homófobo.

Aunque reconozcamos que existe el mandato cultural de ejercer la violencia, «la cultura no es excusa», como dice Rapport. Explicaciones del tipo «siempre habrá homofobia», «siempre ha sido así», etc., no son más que una forma de *sociodicea*,[115] una justificación del mal que intenta ser una forma de autoexculparse al mismo tiempo que lo convierte en algo banal. Aunque aceptemos que vivimos en una *cultura de la homofobia*, la cultura en sí misma no es responsable de nada, porque no es más que una caja de herramientas que ofrece unas determinadas reglas a quienes la comparten, para que las empleen o no. «Los códigos, las reglas, no producen la acción. La acción —nunca lo repetiré lo suficiente— la producen las personas».[116] La cultura nunca ha matado, ni agredido físicamente ni insultado: somos las personas quienes decidimos respetar y llevar a cabo esas reglas violentas las *culpables* de sus efectos, del mismo modo en que

---

[115] El término *sociodicea*, que empleara por vez primera Bourdieu, es el centro de las investigaciones de Salvador Giner. Recomiendo su libro *Sociología del mal* para ahondar en la materia.
[116] Díaz de la Rada, *op. cit.*, p. 167.

también puede responsabilizarse a quienes, a pesar de no cumplir con los mandatos culturales que consideran injustos, no hacen nada para evitar que sigan perpetuándose. Dice acertadamente Pichardo que

> la mayor parte de la población española no es homófoba, pero existe un tercio que sí lo es. El silenciamiento, la fuerza de la violencia, el miedo al contagio del estigma homófobo o el falso pensamiento de que la igualdad de las minorías sexuales no afecta a la mayoría heterosexual hacen que en demasiadas ocasiones esa mayoría respetuosa con la diversidad asista callada e impasible a las agresiones homófobas o al acoso escolar por homofobia.[117]

Con todo, no es acertado hacernos todos y todas culpables de la violencia. «Donde todos son culpables, nadie lo es; las confesiones de una culpa colectiva son la mejor salvaguardia contra el descubrimiento de los culpables»,[118] señalaba Hannah Arendt. Pero tampoco es lícito «lavarnos las manos» y caer en el problema que comentaba Pichardo, permitiendo con nuestra inacción que se perpetúe un sistema generador de violencia. Cuando tenemos noticia de una agresión de cualquier tipo encontramos siempre continuas condenas, reivindicaciones de tolerancia y respeto hacia las personas agredidas; pero este proceder, en solitario, solo produce el efecto de hacer pasar el discurso homófobo por una distopía, un espacio que no ocupa nadie, una forma de pensar que nadie parece sustentar,[119] pero que siempre está ahí.

---

[117] Pichardo Galán, «Conclusión», p. 129.
[118] Arendt, *op. cit.*, p. 85.
[119] Villaamil, *op. cit.*, p. 32.

Dejando a un lado las situaciones en que la homofobia se presenta de modo institucional, en los setenta y siete países del planeta donde aún se persiguen las formas heterodoxas de la sexualidad,[120] en ocasiones se hace responsables a los grupos de extrema derecha de las agresiones homófobas. Y lo son, claro está, de muchas de ellas. Pero la homofobia es un rasgo constitutivo, no constituyente, de la ideología ultraderechista, y hacer responsable a esta forma delictiva de pensamiento de toda la discriminación no es sino otra forma de sociodicea. Hace falta saber exactamente qué es lo que provoca que una persona decida cumplir el mandato de la homofobia y agredir física, verbal o simbólicamente. Para tratar de precisarlo han sido muchos los análisis que se han llevado a cabo, intentando aislar los rasgos de una supuesta personalidad homófoba. Así, el propio Weinberg expone su experiencia con sus pacientes homófobos concluyendo que el menosprecio hacia las personas homosexuales les sirve como una forma de reafirmación de su identidad masculina, sobre la que tienen una concepción sumamente exigente, y que solo resulta verdaderamente reforzada al compararla con el otro cuya virilidad se pone en duda.[121] Desde entonces la personalidad homófoba, que algunos estudios han relacionado también con la juventud, el monoteísmo y el ámbito rural,[122] se vincula con la necesidad de preservar la propia masculinidad. Y así lo demuestran algunos análisis, que encuentran menos indicadores de homofobia hacia los hombres homosexuales en mujeres que en varones, diferencia que se mantiene tanto si se ofrece la posibili-

---

[120] Sobre la situación legal de la homofobia en el mundo, recomiendo el recién aparecido *El fin de la homofobia*, de Marcos Paradinas.
[121] Weinberg, *op. cit.*, pp. 17-19.
[122] Johnson, Brems y Alford-Keating, citados por Borrillo, *op. cit.*, pp. 104-105.

dad de enfrentarse a una persona anónima como a un compañero de clase o incluso a un profesor.[123]

Esta apreciación médica de la homofobia, aunque aporta datos interesantes, conlleva un peligro importante. Si la entendemos como una forma de patología, como un «mecanismo de defensa psíquica»[124] de la masculinidad heterosexual, defendemos, espero que sin darnos cuenta, que la «enfermedad homófoba» pueda servir como eximente de culpa para quienes cometen un delito homófobo. Ha sucedido así en algunas ocasiones: el 12 de julio de 2006 dos hombres fueron brutalmente asesinados en Vigo por otro a quien habían invitado a casa, que fue declarado inocente en un primer juicio con jurado popular porque se consideró válida su defensa: el miedo insuperable a ser violado por la pareja.[125]

Este miedo, en cuanto *fobia*, supone una de las supuestas raíces de la homofobia. Weinberg defiende que la homofobia como «temor a la homosexualidad es inculcado desde los primeros años de vida», y que se fundamenta en el temor a ser homosexual, la envidia reprimida, por no tener los homosexuales que adecuarse a las normativas de género, la amenaza de los valores, y la existencia sin una mortalidad sustitutiva, porque «el pensamiento de que hay quienes no tienen hijos agudiza su temor a la muerte».[126] Se trata del llamado *pánico homosexual*, sustentado en

---

[123] Pichardo Galán *et al.*, «Actitudes ante la diversidad sexual», pp. 82-83, 86-87; y «La diversidad sexual en los centros educativos», pp. 106-107. También en el estudio de Tognoli citado por Borrillo, *op. cit.*, p. 93.

[124] Badinter, *op. cit.*, p. 146.

[125] Gerard Coll-Planas ofrece todos los datos del caso, y reflexiona sobre ellos, en *La carne y la metáfora*. Un juicio posterior lo consideró culpable y condenó a prisión.

[126] Weinberg, *op. cit.*, pp. 21-30.

el terror anal de un hombre a perder la virilidad si es penetrado, pues «la masculinidad de los hombres se construye de una manera extraña: por un lado, evitando a toda costa la penetración, pero por otro lado con un curioso permiso para penetrar lo que sea».[127]

La homofobia, entendida como miedo, pretende no responder a un razonamiento, ser solo un impulso donde no existe capacidad de agencia para quien lo padece y, por tanto, no puede ser responsable de sus actos. Lo mismo sucedería con otro de los sentimientos con los que se asocia esta *homofobia irracional*, que es como la categoriza Daniel Borrillo:[128] la repugnancia. La homofobia también puede entenderse como aversión, asco, hacia la homosexualidad. Podríamos pensar que, puesto que en el imaginario colectivo la heterodoxia sexual suele aparecer vinculada a la práctica del sexo anal, su repugnancia es derivada de la consideración del ano como orificio repugnante debido a su utilidad más frecuente. Pero otras culturas no han interpretado esa práctica como generadora de repulsión, y es necesario entender en qué se sustenta este sentimiento de asco. Para Martha C. Nussbaum la clave de la repugnancia no está en el peligro que puede suponer una determinada cosa, o en que se interprete como una anomalía, una impureza, dentro del orden social, sino en la posibilidad de contaminarse: «La repugnancia atañe a los límites del cuerpo: se centra en la perspectiva de que una sustancia problemática pueda ser incorporada en uno mismo», indicándonos además que no se trata de una emoción innata, sino que los niños la aprenden a través de sus padres y de su contexto social.[129] Lo

---

[127] Sáez y Carrascosa, *Por el culo*, p. 19.
[128] Borrillo, *op. cit.*, pp. 24-26.
[129] Nussbaum, *El ocultamiento de lo humano*, pp. 108-113, 115-116.

mismo ocurre con el odio, tercera de las emociones que entra en el juego de la individualización de la homofobia, como producto de las anteriores, y que desencadena finalmente la violencia, que llega a recogerse entonces bajo el concepto de «delito de odio», aquella «infracción penal motivada por prejuicios o animadversión a la víctima a causa de su conexión, pertenencia o relación con un grupo social vulnerable de intolerancia».[130]

La repugnancia se aprende, igual que el miedo, igual que el odio, igual que la homofobia. La irracionalidad, aunque llega a emplearse como argucia exculpatoria, debe entenderse como producto de un aprendizaje cultural: la homosexualidad da miedo, asco, y es odiosa del mismo modo que una determinada sustancia puede llegar a darlo en nuestro contexto, mientras que en otro puede ser considerada un manjar. Borrillo argumenta, en su diferenciación entre la *homofobia irracional* y la *homofobia cognitiva*, referida a la serie de pensamientos que articulan el análisis social de la sexualidad, que una y otra «pueden funcionar distintamente y existir de manera autónoma»,[131] pero olvida que, aunque el miedo y la repugnancia no se manifiesten necesariamente junto a las expresiones de la homofobia cognitiva, son una consecuencia de esta. Entenderlas de manera aislada dificulta el análisis, porque puede hacernos encontrar el origen de la homofobia en esos sentimientos, sin señalar que el verdadero origen de la homofobia no es una emoción individual, sino que se trata de un instrumento que el sistema cultural de la heterosexualidad emplea para garantizar el cumplimiento de los roles sexuales y de género.

---

[130] Ibarra, *La España racista*, p. 29.
[131] Borrillo, *op. cit.*, p. 91.

Determinadas personas —un tercio de la población, como decía Pichardo— son manifiestamente homófobas. Y en el proceso de la homofobia perciben el estímulo de la heterodoxia sexual, recurren a la caja de herramientas de la *cultura de la homofobia* y deciden actuar de acuerdo con los mandatos que allí se recogen: emplear la violencia para erradicar cualquier diferencia, ya sea tratando de eliminarla o de manera correctiva, para volver a colocar al heterodoxo en el lugar que le ha sido prescrito según su género. Han sido educadas de esa forma, e incluso han podido llegar a desarrollar un sentimiento de repugnancia hacia las sexualidades heterodoxas, a odiarlas y a sentir miedo porque, en el caso de los varones, consideran que amenazan su masculinidad. Es precisamente su identidad masculina la que les autoriza no solo a ejercer la fuerza para manifestar su supremacía, sino también para arrogarse el derecho de valoración del resto de las personas: insultan a quien no parece heterosexual para informarle de que perciben su falta de normatividad del mismo modo que piropean a una mujer para hacerle saber que la consideran válida, según sus esquemas de análisis de lo femenino, para mantener relaciones sexuales.

Así, los culpables de la homofobia son en primer lugar aquellas personas que deciden respetar la regla social que les ordena erradicar o corregir las heterodoxias sexuales. Pero no son las únicas responsables: esa acción programada está sustentada por toda una lógica cultural que podemos compartir, aun silenciosamente, incluso quienes decidimos no llevarla a cabo. Para acabar con la homofobia, no solo hay que convencer a unas determinadas personas de que no ejerzan la violencia homófoba, es necesario transformar todo el sistema de pensamiento en que se sostiene. Porque la homofobia genera violencias más allá de las que hemos venido analizando; no solo compromete la libertad de las personas de sexualidad heterodoxa, sino que pone en riesgo el bienestar de toda la sociedad.

¿CUÁLES SON LAS CONSECUENCIAS DE LA HOMOFOBIA?

Las consecuencias de la homofobia llegan mucho más allá de los golpes, los insultos y las valoraciones negativas, porque provoca otros problemas además de una serie de discriminaciones concretas perpetradas desde lo institucional o ejercidas desde lo individual. Las personas que son conscientes de que una de sus cualidades sexuales está construida socialmente como un estigma se saben susceptibles de ser víctimas del proceso de la homofobia. De ese modo se reconocen como vulnerables, porque anticipan el daño que pueden llegar a padecer si dicha característica es desvelada. El miedo a ser víctima de la homofobia se acaba convirtiendo en un miedo a ser visible, y fruto de este miedo nace el armario, que trata en todo momento o estratégicamente de ocultar el estigma, pero que también produce ansiedad, aislamiento en los contextos que se valoran como poco propicios para hacer perceptible ese rasgo concreto, y un constante estado de alerta.[132] Miedo a ser víctima, miedo a ser descubierto como posible víctima: una nueva paradoja entre lo visible y lo invisible de la que es difícil escapar y que, de un modo u otro, se traduce simplemente en la injusticia de que una serie de personas viven con miedo.

Pero las consecuencias dañinas de la homofobia llegan más lejos, porque también esa necesidad de ocultación puede conver-

---

[132] Goffman, *op. cit.*, pp. 113-114.

tirse en algo más complicado. Reconocer en uno mismo el estigma de la heterodoxia sexual no solo puede ocasionar el intento de la invisibilidad: también afecta al modo en que una persona se relaciona con su propia sexualidad estigmatizada. Nacen la culpa y la vergüenza, que provocan estados depresivos de los que es imposible hablar, precisamente porque su origen no puede ser desvelado. Acoso escolar que se traduce en fracaso en los estudios, poca autoestima, enfermedades mentales, distanciamiento de la familia... Los suicidios de jóvenes no heterosexuales duplican o triplican los casos entre heterosexuales: en Estados Unidos se sospecha que suponen el 30% del total. Incluso es habitual que las víctimas de agresiones interpreten que son ellas mismas las culpables, como consecuencia de sus «descuidos» en la gestión de su visibilidad y que, tanto por esto como por el miedo a tener que hablar frente a desconocidos de su sexualidad, no se denuncien esos ataques homófobos.[133]

La razón de esta percepción negativa de la propia sexualidad no es otra que el hecho de que tanto las personas heterosexuales como aquellas que no lo son se socializan dentro de una forma de pensar que interpreta así toda la heterodoxia sexual. Del mismo modo en que las mujeres jóvenes «asimilan, bajo forma de esquemas de percepción y de estimación difícilmente accesibles a la conciencia, los principios de división dominante que les llevan a considerar normal, o incluso natural, el orden social tal cual es y a anticipar de algún modo su destino»,[134] la juventud no heterosexual aprende en primer lugar que es diferente al resto, y

---

[133] Pichardo Galán, «Homofobia y acoso escolar», pp. 25-26; Gómez Arias, «Adolescentes lesbianas y gays frente a la homofobia», p. 46; Borrillo, *op. cit.*, p. 117.
[134] Bourdieu, *op. cit.*, p. 118.

asume a continuación la serie de axiomas que, como dijimos, sustentan todo el sistema de la violencia simbólica. Se llama *homofobia interiorizada*[135] a la aceptación de los valores negativos que socialmente se asocian a la sexualidad no normativa por parte de las mismas personas sexualmente heterodoxas, y puede manifestarse de dos modos: como *evidente*, cuando existe una autocensura consciente, y como *encubierta*, cuando se acepta el propio rasgo no normativo pero se perpetúan las valoraciones negativas en cuanto a esa característica.[136] Así, se estiman como preferibles una serie de rasgos que contradicen el estereotipo social de las personas no heterosexuales, y sucede entonces que estas mismas tratan de presentar caracteres propios de la norma en lugar de convivir felizmente con sus propias cualidades. Sin ir más lejos, como ejemplo, es posible encontrar que, dado que la afectividad se relaciona normalmente con lo femenino, los hombres no heterosexuales, para afianzarse en su masculinidad, pueden llegar a rehuir lo emocional y convertir sus relaciones con otros hombres en algo puramente físico, hecho que sustenta el tópico de «la hipersexualización de la subcultura gay», pero cuya causa realmente ha de encontrarse en los patrones de comportamiento que impone la homofobia.[137]

Pero la homofobia también provoca daños en las personas que pueden definirse como heterosexuales. En 1992, Warren J. Blumenfeld publicó el volumen colectivo *Homophobia. How we all pay the price* precisamente para tratar este tema. Ya en la misma introducción indica que la homofobia encierra a todas las perso-

---

[135] Sobre esta y otras muchas cuestiones acaba de publicarse *Quiérete mucho, maricón*, de Gabriel J. Martín, que recomiendo encarecidamente.

[136] Gómez Arias, *op. cit.*, p. 44.

[137] Guasch, *La crisis de la heterosexualidad*, p. 132.

nas, heterosexuales o no, en rígidos roles de género que inhiben la creatividad y la expresión, compromete la integridad de las personas heterosexuales presionándolas para tratar mal a otras, impide la capacidad para establecer vínculos íntimos con personas del mismo sexo, limita la comunicación entre gran parte de la población y, específicamente, en el ámbito familiar, obliga a los jóvenes a un debut sexual prematuro para demostrar que son «normales»; combinada con la sexofobia, imposibilita los programas de prevención de las infecciones de transmisión sexual e inhibe las acciones contra el VIH, puede usarse para estigmatizar, silenciar y señalar a las personas que aun siendo heterosexuales no son percibidas como tales, impide a las personas heterosexuales aceptar los beneficios que supone la diversidad y desvía recursos que podrían emplearse en otras cuestiones.[138]

Entre todas estas consecuencias de la homofobia, quizá sea la que la señala como un impedimento para establecer vínculos entre personas del mismo sexo la que más deba preocuparnos. Si reconocemos la sociabilidad como un rasgo fundamental del ser humano y aceptamos que toda nuestra cultura descansa sobre las interacciones que establecemos entre unos y otros, la homofobia resulta un obstáculo para la comunicación libre entre personas, un freno para la construcción de una sociedad que asegure el pleno desarrollo de sus integrantes y les permita relacionarse libremente. La clave para garantizar el progreso democrático de una sociedad se encuentra precisamente en la calidad de los vínculos que sus integrantes puedan establecer entre sí, en la posibilidad de construir diferentes nexos que permitan la empatía hacia el resto de conciudadanos y conciudadanas, de poder colo-

---

[138] Blumenfeld, *Homophobia. How we all pay the price*, pp. 9-14.

carse en su lugar y comprender sus necesidades. Nuestra civilización no será verdaderamente libre hasta que consigamos eliminar todos los impedimentos a las relaciones interpersonales. Por eso la homofobia es una amenaza para la democracia.

PARA TERMINAR, ¿QUÉ ES LA HOMOFOBIA?

Al comenzar este capítulo intentamos averiguar qué es exactamente la homofobia a través de algunas definiciones que nos ofrecían diccionarios e investigadores. Páginas después espero haber conseguido precisar algunos de sus muchos matices —es imposible abarcarlos todos— y poder aportar ahora, tras hablar de sus violencias, sus víctimas, sus culpables y sus consecuencias, una definición de la homofobia:

La homofobia es la violencia física, verbal y simbólica que se sustenta en todo un sistema cultural que regula la sexualidad y que algunas personas, amparadas por las reglas de esa estructura y por el silencio del resto, deciden ejercer sobre aquellas que perciben y diferencian como incumplidoras de la normativa sobre las prácticas sexuales, en sentido estricto, y de los roles de género, en sentido amplio, con la intención de eliminar o corregir cualquier heterodoxia sexual; que provoca miedo, aislamiento, falta de autoestima, depresiones y suicidios, y tiene como consecuencia última un deterioro de las relaciones interpersonales que compromete el bienestar de toda la población.

Tras esto, espero que no quede duda alguna de que es necesario erradicar la homofobia. Y digo «erradicar» y no «actuar contra la homofobia» porque eso colocaría el trabajo que hemos de realizar a su mismo nivel. No se trata de una posible elección entre dos modelos, porque la *cultura de la homofobia* imposibilita un sistema social fundamentado en la libertad y la igualdad. Por eso no hay que luchar *contra ella*: hay que *acabar con ella*. Vamos a pensar cómo hacerlo.

CÓMO ACABAR CON LA HOMOFOBIA

LA LARGA LUCHA CONTRA EL ODIO.
BREVE HISTORIA DEL ACTIVISMO

Entre hablar o callar no tengo elección. Me digo «Habla o sé juzgado».

Heinrich HÖSSLI

Incluso en los tiempos más difíciles para la libertad aparecen voces que luchan por defenderla. Por eso no resulta extraño encontrar diferentes textos a lo largo de la historia de la Humanidad que ensalcen las virtudes del erotismo entre personas del mismo sexo, que traten de reforzar la dignidad de la heterodoxia frente a las constantes descalificaciones que los ortodoxos nos dedican.

Los lamentos del sumerio Gilgamesh tras la muerte de Enkidu, que volvemos a encontrar en las palabras que Aquiles dedica a Patroclo, caído en Troya, y en la afirmación de David cuando muere Jonatán «más delicioso para mí tu amor que el amor de las mujeres» (Samuel, II, 1:26); o la relación entre Harmodio y Aristogitón, que provocó la aparición de la democracia en Atenas, suponen solo algunos de los muchos ejemplos. Hemos hablado de los epigramas helenísticos y cómo se adaptan a los nuevos tiempos de Roma, y siguiendo su estela pueden mencionarse los muchos textos poéticos en árabe que nos quedan de autores como Abu Nuwas y, en nuestra propia al-Ándalus, escribieran personajes de tanta relevancia como Al Mu'tamid, rey de Sevilla, o la princesa cordobesa Wallada, conocida como «da Safo andaluza».

El cristianismo dispone incluso de su propio santo, Elredo de Rieval, que en el siglo XII escribe *La amistad espiritual* para reflexionar y poner en valor los vínculos especiales que se generaban entre algunos monjes, llegando a compararla con la que unió a David con Jonatán e incluso a Jesús con san Juan, su discípulo amado. Llegado el Renacimiento, resulta más sencillo encontrar ejemplos. Corre la leyenda de que el sacerdote florentino Giovanni della Casa compuso una *Alabanza de la sodomía y la pederastia*, si bien el título debe referirse a alguna otra de sus composiciones. No obstante, en los sonetos de Miguel Ángel y en los de Shakespeare se han querido encontrar referencias al homoerotismo, y son legión los textos españoles que esperan ser analizados bajo esta óptica que desvela que, aun en los tiempos de mayor condena de la práctica de la sodomía, los vínculos afectivos entre personas del mismo sexo se celebraron con asiduidad antes de que el canon literario del amor cortés implantara definitivamente lo que hoy conocemos como modelo heterosexual. Sin ir más lejos, una comedia de Lope, *La boda entre dos maridos*, si bien no refleja lo que parece prometer su título sí recoge un desmedido afecto entre varones, del mismo modo que Fray Luis se sintió suficientemente libre para traducir la segunda bucólica de Virgilio sin disimular su contenido, cuando comienza

> En fuego Coridón, pastor, ardía
> por el hermoso Alexi, que dulçura
> era de su señor, y conocía
> que toda su esperança era locura.[139]

---

[139] De León, «Égloga II», en: *Poesía completa*, Madrid, Gredos, 1990, p. 278.

Son muchos los ejemplos, y en todos hallamos la alabanza de lo afectivo, de lo homoerótico, sin que nadie se atreva aún a enaltecer también la misma práctica del sexo en un contexto donde la sodomía seguía recibiendo duras condenas. Pero, como dijimos, un cambio se produce a finales del siglo XVII y comienza a desmontarse todo un sistema cultural fundamentado en lo religioso para que la Razón se convierta, al menos presuntamente, en el instrumento de análisis de cada una de las cuestiones sociales. Con la llegada de la Ilustración, el mundo occidental se transformará de modo que, casi por descuido, hará posible que dé comienzo una reivindicación.

UN ANTECEDENTE: LA ILUSTRACIÓN Y SU CAMBIO DE PARADIGMA

La Asamblea de bujarras, bardajes, bardajines y bardajillos, y tríbadas, a la cual por gracia especial se han unido los Caballeros de la Pantufla, Tríbadas y Crujidoras, que han pronunciado el juramento de prestarse a todo, y de presentar a los Caballeros de nuestra Orden todo aquello que les plazca descubrir; han determinado que, de acuerdo con el informe remitido por el Comité de Verificación, sobre la extensión y prosperidad de los Derechos del Hombre, estará permitido a todo Caballero de la Puñeta hacer uso de su persona para dar o recibir de la forma que le parezca, sea en las avenidas de Sodoma, llamadas de los Feuillants, en el jardín de la Amistad, bajo los auspicios del Conde de Rouhault, en el Panteón y en la logia de las nueve hermanas, incluso en los paseos de Luxemburgo, diga lo que diga su verdadero propietario, sin que esté permitido presentar el más mínimo obstáculo.[140]

---

[140] Patrick (ed.), *Les enfans de Sodome à l'Assemblée Nationale*, pp. 53-54. Agradezco a Álvaro de la Serna su ayuda con la traducción de este texto y el siguiente de original francés.

En 1790 un grupo de personas envía a la Asamblea Nacional, recién comenzada la Revolución Francesa, un texto en que se solicita la despenalización de la sodomía. Autodenominados como *Orden de la Puñeta*[141] y presididos por el duque de Noailles (1713-1793), a lo largo del texto encontramos argumentaciones suficientes en su defensa, además de una larga lista de más de ciento cincuenta firmantes apoyando la defensa del amor «contra natura» o «antifísico», otorgándole la categoría de auténtica ciencia. «La *antifísica*», dice Noailles en su discurso, «cuyos detractores han denominado irrisoriamente bujarronería, y que la ignorancia de los siglos había marcado hasta nuestros días como un juego ilícito de la lubricidad, y que los jurisconsultos denominaron *bestialidad*, será en el futuro una ciencia conocida y enseñada a todas las clases de la sociedad».[142]

Se trata evidentemente de un texto burlesco que hay que entender dentro del discurso libertino del XVIII, pero es interesante emparentarlo, aun muy de lejos, con la *Declaración de los Derechos de la Mujer y de la Ciudadana* que Olympe de Gouges enviara a la misma Asamblea Nacional en 1791 y que se considera texto fundacional del Feminismo. Salvando las distancias evidentes, es necesario señalar como, en el texto que nos ocupa, la risa que desvelaba una menor agresividad hacia la sodomía se ha convertido ya en este momento incluso en un vehículo para su defensa, aunque jocosa; del mismo modo que la misiva de la Orden puede enmarcarse en un contexto donde no pocos autores «serios» consideran que la condena de las prácticas sexuales

---

[141] *Ordre de la Manchette* en el original, que traducimos de este modo para mantener el doble significado, de vestuario y erótico, que comparten *manchette* y *puñeta*.
[142] Patrick (ed.), *op. cit.*, p. 50.

entre personas del mismo sexo debe ser replanteada. Voltaire no esconde su repugnancia, pero entiende que «los machos jóvenes de nuestra especie, criados juntos, al sentir esta fuerza que la naturaleza comienza a desplegar en ellos, y no encontrando el objeto natural de su instinto, se lanzan sobre lo que se le parece»,[143] y Condorcet, por su parte, analiza así la cuestión:

> La sodomía, en ausencia de violencia, no es competencia de las leyes criminales. No viola el derecho de ningún hombre. Tiene tan solo un efecto indirecto sobre el buen orden de la sociedad, como la embriaguez, la pasión por el juego. Es un vicio bajo, repugnante, cuyo auténtico castigo es el desprecio. La condena a la hoguera es atroz.[144]

En esa misma línea se expresa Jeremy Bentham, que en *De los delitos contra uno mismo* ofrece que «la antipatía en cuestión, en la medida en que perdura, lleva aparejada de hecho, y sin recurrir a los magistrados, un castigo mortificante», si bien señala que aunque esa antipatía, que hoy según los diccionarios llamaríamos «aversión», es castigo suficiente, también es el origen de pretender penas mayores.[145]

A pesar de la forma del discurso, que en su contexto temporal requería hablar de cualquier heterodoxia sexual empleando una serie de descalificativos, la transformación en los planteamientos acerca de la sodomía es absoluta. En un momento en que todo el derecho penal se reconsidera, los castigos clásicos se valoran como atrocidades e incluso autores como Condorcet y

---

[143] Voltaire, *Diccionario filosófico*, p. 56.
[144] Condorcet, «Sur Voltaire», en: *Oeuvres de Condorcet*, vol. IV, p. 561.
[145] Bentham, *De los delitos contra uno mismo*, pp. 110, 104.

Bentham creen necesario no solo atenuar las penas sino hacerlas desaparecer. No podemos considerarlos autores reivindicativos, pero sí de absoluta importancia para nuestros intereses, porque araron el campo al que otros llegarían para sembrar reivindicaciones. Es gracias a ellos, quién sabe si en parte también gracias a la divertida *Orden de la Puñeta*, por lo que el código penal resultante de la Revolución, luego difundido por toda Europa, hace desaparecer de su texto cualquier condena de las sexualidades no normativas.

PRIMERA OLA: LA DESPENALIZACIÓN DEL SEXO

Os pregunto, hombres todos: ¿podría ahora alguno de nosotros dejar de ser lo que es? ¿Podría ahora alguno de nosotros no ser afectado por todo lo que hasta ahora le ha afectado, o conmovido por lo que hasta ahora ha sido extraño a su hombre más íntimo, renunciar a su naturaleza, no tenerla ya más, no sentirla y volverse un apasionado amante de los muchachos?

Es preciso ahora viajar hasta Suiza para encontrarnos con el sombrerero Heinrich Hössli (1784-1864), autor del que se considera el primer texto moderno que presenta con naturalidad las relaciones entre personas del mismo sexo: *Eros. El amor entre hombres de los griegos*,[146] del que tomo el fragmento que encabeza el capítulo. Aunque parte de una posición marcadamente ajena, hablando en tercera persona, llega a utilizar su propia distancia con el tema para considerar esta forma de deseo como innata e imposible de modificar. Argumentos de este calado junto a refe-

---

[146] El texto carece aún de edición en castellano, pero es posible acceder a algunas citas y conocer mejor su contexto gracias a Zubiaur, *Pioneros de lo homosexual*, pp. 11-13.

rencias históricas de todo tipo fueron suficientes, a pesar de la poca influencia del libro en su época, para alentar el trabajo de Karl Heinrich Ulrichs (1825-1895), que puede considerarse realmente el primer activista de la Historia.

Natural de Hannover, vio como el artículo 143 del código penal de Prusia, que condenaba las relaciones sexuales entre varones, se imponía en su tierra, para pasar más tarde a convertirse en el artículo 175 del código alemán. Ulrichs, a la sazón abogado de profesión, se dispone a hacer algo al respecto y, tras enviar a algunos familiares en 1862 unas cartas en que habla libremente de su deseo hacia otros hombres, publica entre 1863 y 1879 una serie de textos que hace llegar a cuantos tribunales juzgaran un caso en que se fuera a aplicar esta ley. Con ello trataba de conseguir que se considerara inocente al reo, alegando que, dado que lo que él llamaba *uranismo* constituía una cualidad innata del individuo, nadie podía ser tenido por culpable de realizar las acciones que le dictaba hacer su propia naturaleza:

> ¿Puede soportarse por más tiempo que, en base únicamente a un error científico, queráis pisotear y destruir intencionada y sistemáticamente el honor y la felicidad vital de miles de semejantes, de personas que son tan honradas como vosotros, y que en verdad no han cometido en absoluto falta alguna?

Firmaba aún con su pseudónimo *Numa Numantius* —puede que por Numa, segundo rey de Roma, y la española y perseverante Numancia—, hasta que el 29 de agosto de 1867 se presenta visiblemente, con su propio nombre, ante el Congreso de Juristas para exigir que se tenga en consideración su petición para «que el amor innato por personas del sexo masculino solo sea castigable bajo los mismos supuestos bajo los que se castiga el amor por personas del sexo femenino».[147] No lo consiguió, y acabó sus días exiliado en Aquila, pero dio el primer paso en el camino de una reivindicación que hoy transitan miles de personas.

Resultan hoy muy lejanos los términos con los que Ulrichs habla de ortodoxia y heterodoxia sexual: *uranistas* y *dionistas*, a partir del mito que diferencia una Venus Urania, no reproductiva, de una Venus Dione, nacida de forma tradicional. Pero no tardaron en aparecer dos palabras que hoy seguimos empleando: en una carta de 1868 que envía a nuestro *Numa* el vienés Karl-Maria Kertbeny (1824-1882), este escribe por vez primera *heterosexual* y *homosexual*, haciéndose pública esta última en dos breves impresos contra el artículo 148 publicados en 1869.[148] A partir de entonces, son muchos los personajes más o menos relevantes que trabajan sin descanso para tratar de hacer desaparecer el artículo, ya número 175 del código alemán.

Aunque este proceso camina en paralelo a los estudios médicos de corte represivo que mencionamos páginas atrás y que toma buena parte de sus instrumentos del discurso de estos primeros activistas, resulta importante destacar la figura de dos médicos cuyo trabajo se dirigió a la defensa de derechos: Havelock Ellis (1859-1939), que emplea por primera vez en 1897 el concepto de *inversión sexual*, a partir del concepto de *opuesto* que desarrollara

---

[147] Ulrichs, *Vindex*, en: Zubiaur, *op. cit.*, pp. 35-37, 63, 81.

[148] Zubiaur, *op. cit.*, pp. 93-94. En este proceso de invención de términos aún no tenían su significado actual el concepto *bisexual*, que equivalía entonces al moderno intersexual en tanto que para la realidad que hoy designa se empleaban palabras como *polisexual*; ni *transexual*, que no lo articula hasta 1957 el médico Harry Benjamin, si bien es posible encontrar su realidad antes en otras expresiones. *Lesbiana*, si bien tiene su uso actual desde antiguo, se alternaba frecuentemente con *sáfica* y *tríbada*.

Westphal, gracias al que puede hablarse ya de un primer esbozo de nuestro concepto actual *orientación sexual,* que considera a los varones y las mujeres, sean sus deseos cuales sean, varones y mujeres, simplemente;[149] y sobre todo Magnus Hirschfeld (1868-1935) —fundador del Comité Científico-Humanitario, del Instituto de Ciencias Sexuales y de la Liga Mundial para la Reforma Sexual—, quien, a pesar de recibir en su momento ciertas críticas por sus excesivas concesiones al discurso oficial de la intolerancia, quizá más estratégicas que compartidas, trabajó sin descanso hasta que en los años treinta el nazismo diera al traste con todo su esfuerzo quemando el Instituto y comenzando una de las mayores persecuciones contra homosexuales de la Historia.[150]

La Segunda Guerra Mundial también acabó con los grupos de personas no heterosexuales que se habían organizado hasta entonces. Además del Comité Científico-Humanitario, en aquel 1897 que hemos mencionado George Cecil Ives funda en Inglaterra una sociedad secreta, la Orden de Queronea, por la batalla que pierde en el año 338 a.C. frente a Filipo de Macedonia el batallón tebano, formado por parejas de amantes del mismo sexo. El fin último de la Orden era defender «la causa», que ya no solo comprendía la eliminación de una serie de leyes que penaban la homosexualidad sino también dignificar esta. Para ello fue clave la figura como predecesor de John Addington Symonds (1840-1893), que recuperó la tradición homoerótica griega en Gran Bretaña a través de la traducción de textos y de una obra de 1883, *A Problem in Greek Ethics*; y la del propio Oscar Wilde (1854-1900), cuya condena en 1895 como consecuencia de su relación con

---

[149] Katz, *op. cit.,* pp. 85-87.
[150] Zubiaur, *op. cit.,* pp. 109-111.

Lord Alfred Douglas produjo un gran impacto entre los heterodoxos de la época. Cabe añadir, además, que Ives llamaba a Walt Whitman «el Profeta», reverenciando su poesía homoerótica.

Existieron otros círculos como la Comunidad de los Especiales, fundada en 1902 por Benedict Friedländer,[151] y suele citarse a Las Carolinas en el caso español, un grupo de personas travestidas que organiza una procesión fúnebre para depositar unas flores sobre un urinario público destruido por una bomba de las que habla Jean Genet en su *Diario del ladrón*. La publicación en España con prólogo de Marañón del *Corydon* de André Gide en 1929, junto a los aires de libertad que trajo la Segunda República, dieron pie a que algunos autores publicaran en nuestro país sus propios libros, entre los que destacan los dos de Alberto Nín Frias, de origen uruguayo: *Alexis o el temperamento urano*, de 1932, y *Homosexualismo creador*, de 1933, auténtico monumento de historia de la homosexualidad, en tanto que otros, como Federico García Lorca[152] o, sobre todo, Luis Cernuda, se sintieron libres para hablar de su homosexualidad en sus textos.[153] Con todo, la llegada de la dictadura en España y el final de la Segunda Guerra Mundial cambiaron el modelo de sociabilidad entre personas homosexuales, que volvía a la clandestinidad o transformaba los locales de ocio liberal

---

[151] Kosofsky Sedgwick, *op. cit.*, p. 116

[152] Invención de Federico es, según se ha recogido en diversos textos a través del testimonio de Vicente Aleixandre, el adjetivo «epéntico», con su variante «epente» y su sustantivo «epentismo» para hablar veladamente del hombre homosexual. Se trata posiblemente del único concepto en castellano que, por ser inventado, no tiene origen heterosexual. Es nuestra única palabra para hablar en primera persona sin hacer referencia a lo normativo; el primer y único término propio.

[153] Este periodo ha sido muy bien estudiado por Vázquez García / Cleminson en *Los invisibles*, texto de imprescindible lectura para comprender el contexto de la homosexualidad en España entre 1850 y 1939.

para ambos sexos en bares exclusivos para varones. Entre tanto, iban despenalizándose progresivamente las prácticas homosexuales en algunos países. Pero todavía hoy siguen prohibidas en setenta y siete países y se condenan con la muerte en ocho. La primera ola de nuestro activismo tiene aún mucho océano que recorrer.

SEGUNDA OLA: LA LIBERACIÓN SEXUAL

> *Consideramos inmorales los patrones de moralidad heterosexual impuestos y nos negamos a consentirlos pidiendo una igualdad que es simplemente el yugo común de la represión sexual.*
>
> *Declaramos que los homosexuales, como individuos y como miembros de una comunidad mayor, debemos desarrollar una ética y una estética homosexual independiente de, y sin referencia a, las costumbres impuestas por la heterosexualidad.*[154]

En agosto de 1969 la Liga Estudiantil Homófila, vinculada a la neoyorkina Universidad de Columbia y responsable del texto previo, «expone la muy clara voluntad del sector más joven del naciente movimiento de romper con un modelo que se constataba caduco».[155] Habían pasado solo dos meses desde que, en la madrugada del 28 de junio, una redada policial en el Stonewall Inn diera comienzo a una serie de revueltas que se consideran hoy el nacimiento del movimiento en defensa de lesbianas, gais, bisexuales y transexuales.

Bien es cierto que ya existían algunos grupos organizados, propiciados por la publicación del Informe Kinsey en 1948 y por

---

[154] Liga Estudiantil Homófila, *Un manifiesto radical: ¡el movimiento homófilo debe radicalizarse!*, p. 50.
[155] Mérida Jiménez, «Prólogo: emergencias, reflexiones y combates», p. 15.

la caza de brujas organizada por la administración McCarthy.[156] La Mattachine Society, fundada en 1950 por Harry Hay,[157] y las Daughters of Bilitis, nacidas en 1955, aunque durante veinte años canalizaron las demandas sociales y organizaron diferentes concentraciones exigiendo el fin de la legislación represiva, habían quedado anticuadas, más aún en el marco del nacimiento de los nuevos movimientos sociales y tras los disturbios de Stonewall. Estos se convirtieron en un auténtico mito fundacional de nuestro movimiento, lo que «muy probablemente se deba al deseo y a la necesidad de creación de una mitología fundacional y de una genealogía grupal que fomentara y mantuviera vivo el espíritu de acción y de rebeldía»[158]. A partir de entonces, todos los 28 de junio se conmemoran las revueltas de Stonewall en las manifestaciones del Orgullo que se celebran en diferentes partes del planeta. En todas son habituales los símbolos que representan al movimiento, siendo el más conocido la bandera arcoíris diseñada por Gilbert Baker, que fue empleada por primera vez en 1978 con ocho franjas y con las seis que hoy reconocemos a partir de 1979.

---

[156] Soriano Gil, *La marginación homosexual en la España de la Transición*, p. 120. El *Informe Kinsey* supuso un auténtico revulsivo social, al demostrar estadísticamente que las sexualidades no heterosexuales eran relevantes en número y, más aún, al proponer una clasificación novedosa del deseo, no a través de identidades estancas sino como una progresividad desde un 0, heterosexual sin prácticas ni deseos homosexuales, hasta un 6, homosexual sin prácticas ni deseos heterosexuales.

[157] Junto a otras personas, Harry Hay fundó en 1979, ya una década después de Stonewall y como reacción a lo que empezaba a ser el movimiento LGTB, uno de los grupos reivindicativos que me resultan más interesantes: las Radical Faeries, un grupo de «hadas», pues esta es su etiqueta identitaria, que trata aún de generar una cultura propia de las personas de sexualidad heterodoxa al margen de toda norma heredada.

[158] Mérida Jiménez, *op. cit.*, p. 12.

Como resultado de los nuevos planteamientos sobre cómo llevar a cabo la reivindicación, comenzaron a aparecer nuevas organizaciones. El Gay Liberation Front y el Gay Activist Alliance nacen poco después de los disturbios, y en 1970 aparecen STAR, Street Transvestite Action Revolutionaries, específicamente para personas trans, y las Radical Lesbians, pues ambos grupos no acababan de sentirse bien incluidos en las organizaciones gais. Ya no solo se demanda la despenalización de las relaciones entre personas del mismo sexo, sino que el nuevo objetivo es global: se persigue el fin de la discriminación cuestionando el orden heterosexual establecido, el mismo que clasificaba negativamente cualquier sexualidad heterodoxa. Para ello resultaron relevantes estrategias como la promoción de una *identidad*, «como medio para permitir a las potenciales víctimas de este proyecto reaccionario el acceso a un punto de resistencia frente a los efectos de esa categorización establecida en términos de desviación»,[159] que a través de la herramienta recurrente de las besadas hacía pública una afectividad que hasta entonces se consideraba en el mejor de los casos solo permisible en el ámbito privado. Y la visibilidad debía llegar también a las instituciones: comenzó a usarse la herramienta del *outing*, consistente en desvelar el «secreto» de la sexualidad de una persona más o menos famosa, no sin un gran debate sobre lo adecuado del procedimiento; así como figuras de la política empezaron a visibilizar su orientación sexual no normativa. Si bien no fue realmente el primer cargo público no heterosexual —Nancy Wechsler y Kathy Kozachenko se adelantaron en el ayuntamiento de Ann Arbor—, el personaje más conocido como gay visible en la política de esta época fue Harvey Milk,

---

[159] Llamas, Vidarte, *op. cit.*, p. 176.

concejal en San Francisco desde 1977 y asesinado en 1978. Uno de los primeros logros de este nuevo modelo fue la despatologización de la homosexualidad: en 1973 la Asociación Americana de Psiquiatría la hizo desaparecer de su *Manual diagnóstico*, y el 17 de mayo de 1990 la Organización Mundial de la Salud la eliminó de su lista de enfermedades mentales. La transexualidad aún sigue siendo considerada así, pero, a partir de entonces, el 17 de mayo se celebra el Día Internacional contra la Homofobia.

Las nuevas formas de reivindicar *la causa*, empleando la expresión de Ives, se internacionalizaron inmediatamente. En Francia, que contaba desde 1954 con el grupo Arcadie, aparece en 1971 el Frente Homosexual de Acción Revolucionaria y publica un *Manifiesto contra la normalidad* en la revista *Tout!*, que dirigía Jean Paul Sartre. Sus textos sirven como perfecto ejemplo del tono con que las personas no heterosexuales se dirigían a «los que se creen «normales»:

> Vosotros no os sentís opresores. Folláis como todo el mundo y qué culpa tenéis si hay enfermos o criminales... Sois tolerantes, decís, ¿qué otra cosa podéis hacer...? [...] Sois responsables individualmente de la infame mutilación que nos habéis impuesto al reprocharnos nuestro deseo. [...] No estamos en contra de los «normales», sino en contra de su sociedad. Nos preguntáis «¿Qué podemos hacer por vosotros?». No podéis hacer nada por nosotros mientras sigáis siendo los representantes de esa sociedad normal, mientras os neguéis a ver todos los deseos secretos que habéis reprimido. No podéis hacer nada por nosotros mientras no hagáis nada por vosotros mismos.[160]

---

[160] Frente Homosexual de Acción Revolucionaria, *Documentos contra la normalidad*, pp. 13-14.

El nuevo movimiento buscaba la liberación sexual y, de este modo, suponía no solo la reivindicación de unos derechos para unas personas concretas, sino un aldabonazo en las mismas puertas de la heterosexualidad normativa, llamando a toda la sociedad a un cambio en su forma de plantear la sexualidad.

España, mientras tanto, vivía el final de una dictadura, pero la Ley de Peligrosidad Social, aprobada en 1970, sirvió como detonante para que diera comienzo el movimiento por la liberación sexual en nuestro país. Armand de Fluvià (n. 1931) estaba al tanto de los sucesos de Stonewall a través de la revista *Arcadie* y, usando el pseudónimo de «Roger de Gaimon», junto a Francesc Francino, que empleaba el de «Mir Bellgai», fundó la Agrupación Homófila para la Igualdad Sexual en 1970, que sería renombrada en 1971 como Movimiento Español de Liberación Homosexual. Consiguieron suavizar el texto de la ley, que finalmente en lugar de hablar de «homosexuales» mencionaba a aquellos que «realicen actos de homosexualidad»,[161] y publicaron *AGHOIS*, la primera revista activista de nuestro país. En su primer número aparece una «Carta a los Lectores» que desvela su intención de crear «una comunidad en la sombra, pero comunidad al fin», más que un objetivo revolucionario, como indica Alberto Mira. Decía el texto que

> leyéndola cubrirás el vacío de tu aislamiento y encontrarás algo más sustancial que una banal conversación. Serás informado de todo cuanto ocurra en España y en el extranjero [...]. Con nuestra relación empezaremos a ser algo más que hombres solitarios en busca de la aventura. Somos hombres

---

[161] Trujillo Barbadillo, *Deseo y resistencia*, p. 62.

conscientes de nuestra peculiaridad, ansiosos por conseguir una mayor libertad y el respeto que se nos debe.[162]

La muerte de Franco proporcionó nuevas fuerzas a los miembros del MELH, que se convirtió en 1975 en el Front d'Alliberament Gai de Catalunya, al mismo tiempo que por toda la geografía española aparecían diversos grupos que compartían con el FAGC el objetivo de derogar la Ley de Peligrosidad Social: el Front d'Alliberament Homosexual del País Valencià, el Front d'Alliberament Gai de les Illes, el Euskal Herriko Gay Askapen Mugimendua en Bilbao; el Movimiento Homosexual de Acción Revolucionaria en Sevilla, la Asociación Democrática de Homosexuales, de Málaga, y varios grupos en Madrid, donde surgió una sección del MELH en 1972 y en 1977 nacen el grupo Mercurio, el Movimiento Democrático de Homosexuales de Madrid, el Frente Homosexual de Acción Revolucionaria, reunidos en 1978 como Frente de Liberación Homosexual de Castilla. La mayor parte de ellos fundan a principios de 1977 la Coordinadora de Frentes de Liberación Homosexual del Estado Español, COFLHEE, con el principal objetivo de derogar la ley.[163] El 28 de junio de ese mismo año tendrá lugar en Barcelona la primera manifestación del Orgullo, duramente reprimida, que al año siguiente el FLHOC organiza también en Madrid.

---

[162] Mira, *De Sodoma a Chueca*, p. 477.

[163] Trujillo Barbadillo, *op. cit.*, pp. 67-68; Soriano Gil, *op. cit.*, pp. 127-130. Ambos estudios, junto a los muchos documentos de la época, son imprescindibles para la adecuada comprensión de este turbulento momento. El de Trujillo, además, analiza a la perfección la particular historia de los grupos de lesbianas, siempre en la diatriba de participar con más interés en los frentes y colectivos de liberación sexual o en el movimiento feminista.

La primera victoria de los frentes tiene lugar en 1979, con la derogación de los artículos de la Ley de Peligrosidad que hacían referencia a la homosexualidad. Años después, en 1983, consiguen además modificar el tipo penal del escándalo público, que desaparecerá finalmente en 1989. Pero al cambiar de década surge la primera crisis del movimiento español: tras tanto empeño en las reformas legales, alcanzar esas victorias dejan a los frentes sin objetivos claros. Los grupos de lesbianas se centran en el movimiento feminista y, además y sobre todo, aparece el virus del VIH, cuya propagación requiere respuestas: la liberación sexual debe ser aplazada mientras se afronta un problema urgente.

De toda esta andadura es necesario señalar el gran cambio de modelo reivindicativo que supuso, en la forma de analizar la discriminación que padecen las personas no heterosexuales y porque aparece un nuevo modelo de hombre no heterosexual: el modelo *gay*, que «supone no solo la posibilidad de definir en términos viriles la identidad homosexual, sino también cambios profundos en el modo de ser homosexual». Así, lejos ya del modelo de la *inversión sexual*, con un vínculo más o menos sólido entre sexualidad y género, «la gran aportación de la revolución gay de los años sesenta y setenta consiste en romper esa correlación entre género y orientación sexual».[164] Los *gais* son ya diferentes a los antiguos *maricas* e *invertidos*, e incorporan, al menos idealmente, la reivindicación política a su forma de vivir su sexualidad heterodoxa, no son simplemente *homosexuales*.

---

[164] Guasch, *La sociedad rosa*, p. 86; *La crisis de la heterosexualidad*, p. 133.

UN PROBLEMA EN EL CAMINO: LA CRISIS DEL VIH Y SUS CONSECUENCIAS

El sida puede haber jugado para una generación de gays un papel similar al que según Eribon (2000: 199) tuvo el proceso de Oscar Wilde para los homosexuales de la Inglaterra victoriana: por un lado, representa la conciencia cierta del estigma que pesa sobre el homosexual, de «sentimiento de culpabilidad compartida con el réprobo», pero tanto Wilde como el sida sacan a la homosexualidad a la plaza pública, la hacen visible, le dan acceso al orden del discurso, aunque sea por y en el discurso del orden.

Fernando Villamil[165]

En los primeros años de la década de los ochenta el mundo se enfrenta a una nueva enfermedad y, aunque hoy sabemos que el virus del VIH no es una cuestión que afecte específicamente a las personas no heterosexuales en cuanto lo son, en aquel momento se extendió con mayor rapidez entre ellas y fue empleada para construir un nuevo estigma acerca de la homosexualidad, que transformaría el precepto heteronormativo de que *las personas no heterosexuales provocan calamidades*, tópico en la época de la sodomía, en un nuevo axioma, ya comentado, que supone que *las personas no heterosexuales transmiten enfermedades.*

A pesar de que en primera instancia la naciente *comunidad* interpretara la aparición del virus como una reinvención de la homofobia, mediante una nueva forma de medicalización de la homosexualidad recientemente despatologizada, finalmente se comprende el desafío de la epidemia y se ofrecen tres grandes formas de evitar el problema: «monogamia, empleo de preservativos y reducción de las relaciones sexuales con varones promis-

---

[165] Villaamil, *op. cit.*, p. 115.

cuos»,[166] que se articulan dentro de un mensaje global que persigue un *sexo más seguro*. Como consecuencia de la seguridad sexual, que apela fundamentalmente al individuo y su propia responsabilidad personal, se interpreta al propio hombre gay no comprometido con el sexo seguro como factor de riesgo en sí mismo, y frente a otras formas de sociabilidad sexual se valora la pareja cerrada, propiciada además por un marco social donde primaban «las políticas neoconservadoras, de reivindicación de los valores familiares «tradicionales».[167]

En este momento, el movimiento que languidecía tras sus primeras victorias legales necesita urgentemente modificar su estrategia: debe ofrecer a los enfermos la asistencia de la que en muchas ocasiones carecen y paulatinamente «centra el foco en las desigualdades cotidianas derivadas de la definición exclusivamente heterosexual del matrimonio», en tanto que olvida la reflexión global acerca de la sexualidad y sus jerarquías. Así, siendo estos los nuevos objetivos de parte del discurso reivindicativo y de la mano de una nueva generación de activistas, los grupos formados en la década de los ochenta se apartan de las posiciones que consideran más radicales en pos de un mejor entendimiento con las instituciones. Un breve periodo de escisiones da comienzo a la convivencia de diferentes discursos de reivindicación: aparecen los posicionamientos *queer* mientras otros grupos se entregan a postulados de asimilación con lo normativo, ambos renegando del camino que estaba tomando el desarrollo del discurso, en tanto que el grueso del movimiento evoluciona y empieza a centrarse en la idea de reconocer legal-

---

[166] Guasch, *La sociedad rosa*, p. 145.
[167] Villaamil, *op. cit.*, pp. 122, 117-118, 58.

mente la convivencia entre personas del mismo sexo.[168] De este modo la ya antigua COFLHEE comienza a decaer, aparecen nuevos grupos reivindicativos, se reorganizan otros y al fin, en 1992, nace la actual Federación Estatal de Lesbianas, Gais, Transexuales y Bisexuales en su primera forma, presidida precisamente por Armand de Fluvià. En un primer momento se pretende que las primeras leyes de parejas de hecho, que habían empezado a nacer en algunas regiones, den paso a una ley estatal, pero muy pronto comienza a demandarse la aprobación del Matrimonio Igualitario en España, adopción conjunta incluida, que finalmente se consigue el 30 de junio de 2005 con el gobierno de José Luis Rodríguez Zapatero.

Vuelven a aparecer entonces las críticas que ya existían a la Ley de Parejas de Hecho y señalaban que su aprobación «tiene la virtualidad de hegemonizar y poner en circulación los significados más presentables de la identidad gay al ligar explícitamente sexualidad y afectividad», que «no cuestiona la heterosexualidad, la norma masculinista» y «ofrece un lenguaje en el que es posible reformular las relaciones homosexuales en términos de legitimidad»; frente a un antiguo discurso que afirmaba, como recoge Villaamil del manifiesto leído en «Día de la liberación de gays y lesbianas» de 1988, que «nuestra sexualidad no necesita más justificación que el placer que nos produce».[169] Con la aprobación del Matrimonio culmina un proceso de poco más de veinte años en que no solo vemos cambiar significativamente las posiciones de un movimiento de liberación sexual que, paradójicamente, acaba consiguiendo la extensión de la institución del matrimonio

---

[168] Villaamil, *op. cit.*, pp. 37, 59-60.
[169] Villaamil, *op. cit.*, pp. 38-39.

para toda la población, sino también el propio modo en que las personas no heterosexuales se relacionan entre sí y con la heterosexualidad.

Desde la década de los noventa se desarrolla el *ambiente*, que alcanza mucho más allá de una serie de localizaciones físicas donde se dan cita personas no heterosexuales y se extiende a las interacciones que realizan entre ellas reconociéndose como tales. Aparecen locales abiertos al público también en horario de mañana, y con ellos las relaciones entre gais, lesbianas, bisexuales y transexuales se alejan de la nocturnidad invisibilizadora, conformándose como comunidad alegre y despolitizada que se ofrece a la heterosexualidad y comparte con ella símbolos como la pareja estable. Así, su diferencia, cada vez menos pronunciada, puede perfectamente aceptarse como legítima, si bien no deja de señalarse que la forma en la que se constituye el espacio supuestamente libre del *ambiente* no deja de estar influenciado por la necesidad de construir un discurso de respetabilidad frente a la normativa de la sexualidad; y que, tras ella, perviven aún los planteamientos que ensalzan la promiscuidad como un *valor propio* en clave de discurso interno.[170]

Más de diez años después siguen conviviendo ambas formas de entender las sexualidades heterodoxas, e incluso es habitual que siga siendo el entorno donde se manifiestan el que obligue a profesar el discurso oficial, hegemónico, matrimonialista y socialmente aceptable, o el discurso oficioso, que nunca reniega de la «promiscuidad» y parece ligado al *ambiente*. Al mismo tiempo,

---

[170] Villaamil, *op. cit.*, pp. 89, 69; Llamas, Vidarte, *op. cit.*, pp. 216-217. Sobre el *ambiente* y, más precisamente, la relación entre sexualidad y espacio, Ignacio Elpidio Domínguez Ruiz está realizando en estos momentos una tesis doctoral en la Universidad Autónoma de Madrid que promete ser referencia imprescindible sobre la materia.

una nueva generación de activistas, que vivió en su primera juventud la aprobación del Matrimonio Igualitario o ni siquiera tiene recuerdo de un tiempo en que no existiera, está llegando a los colectivos y organizando nuevos grupos. La larga batalla contra el odio hacia lesbianas, gais, bisexuales y transexuales está a punto de experimentar un cambio generacional: nuevas ideas que quizá recuperen antiguas demandas llegan gracias a una nueva militancia que se ha enfrentado a la homofobia en los mismos contextos, pero desde posiciones muy diferentes.

FUNDAMENTOS PARA ACABAR CON
LA HOMOFOBIA

La reflexión política debe empezar y ser fiel a nuestra experiencia más personal de nosotros mismos y del mundo, o degenera hacia el sinsentido.

Michael Denneny

La crisis del VIH supuso un cambio de rumbo para la segunda ola del movimiento y, como dijimos, es a partir de entonces cuando se nos ofrecen diferentes formas para afrontar la reivindicación. Una vez conseguido el objetivo primero, que consiste en la despenalización y despatologización de las sexualidades heterodoxas, se nos presenta desde la posibilidad de no hacer nada y obedecer todos los mandatos del sistema heterosexual hasta poner en tela de juicio todo este sistema, pasando por el intento de asimilarse a sus normas y de formar una comunidad diferenciada pero que quiere integrarse en él. Iremos exponiendo los planteamientos que a día de hoy existen para afrontar el reto de acabar con la homofobia.

LA LEY DEL AGRADO[171]

Según la conocida frase que se atribuye a Wilde, la mejor forma de vencer la tentación es caer en ella y, del mismo modo, el medio más sencillo para evitar convertirse en víctima de la homofobia es acatar sin oposición alguna los imperativos que dictamina el orden heterosexual. Claro está que el primero de todos sería no mantener ninguna práctica sexual con personas del propio sexo, pero a estas alturas la normativa heterosexual se ha actualizado tanto que, de un modo similar a la «destrucción creativa» con que Schumpeter analiza el capitalismo y su desarrollo, la cultura heterosexual ha sido capaz de destruirse a sí misma y abolir el centro de su significado, que no es otro que permitir únicamente las relaciones sexuales entre personas de diferente sexo, solo para poder incorporar a sus usos y costumbres a las personas que no desean esas relaciones. La heterosexualidad, como modelo social, ha dejado de ser heterosexual en lo puramente sexual para afianzar sus modelos relacionales y extenderlos también a quienes antes, por su sexualidad heterodoxa, no podían participar de ellos.

Con su personal estilo, Paco Vidarte afirmaba que «casi no cuesta trabajo tratar con un maricón de buenas maneras, bien vestido, perfumado, culto, de honrado linaje, parece uno de nosotros».[172] Y tenía razón. La cultura heterosexual ha aprovechado el modelo del *gay normal*, del heterodoxo sexual aceptable porque no presenta más rasgos de su heterodoxia que sus mis-

---

[171] Tomo el concepto del maravilloso libro de Amelia Valcárcel *Feminismo en un mundo global*, donde dedica un capítulo a reflexionar cómo esta ley se implementa contra los derechos de las mujeres.

[172] Vidarte, *Ética marica*, p. 139.

mas prácticas sexuales —por supuesto invisibilizadas al máximo, hasta el punto de convertirlo en una entidad asexuada—, y ha creado en torno a esa figura lo que bien podemos llamar una *mística de la homosexualidad*. Del mismo modo en que Betty Friedan estudió esa mística referida a lo femenino, sería posible analizar los rasgos de la homosexualidad utópica: «a las personas gays se les pide cierta etiqueta (que vistan de manera adecuada, no formen escándalos y procuren imitar los estilos de vida socialmente prescritos) como forma de pago por la tolerancia que se les ofrece»,[173] y pueden desgajarse de esos tres preceptos, añadiendo algunos más, las características que la norma heterosexual espera de las personas no heterosexuales a cambio de tolerarlos. Una ropa muy determinada que se difunde a través de unas redes y en unos contextos muy precisos, unas reivindicaciones muy aceptables que no cuestionen aspectos básicos del orden social y unos modos de vida supuestamente equiparables a los que disfruta la ortodoxia. Equiparables, no iguales, porque siempre será mejor llamarlo *unión civil* que *matrimonio* desde el punto de vista de quien ejerce la tolerancia como un poder y debe asegurar algunas distinciones fundamentales que sustenten los privilegios desde los que ejerce la dominación.

Hallamos algunas interesantes paradojas en este ejercicio de poder. «Todo ocurre como si los homosexuales que han tenido que luchar para pasar de la invisibilidad a la visibilidad, para dejar de ser excluidos e invisibles, tendieran a volver a ser invisibles y de algún modo neutros y neutralizados por la sumisión a la fuerza dominante»[174], dice Bourdieu al exponer que la solicitud de re-

---

[173] Guasch, *Héroes, científicos, heterosexuales y gays*, p. 131.
[174] Bourdieu, *op. cit.*, p. 146.

conocimiento de la heterodoxia la convierte en parte de la ortodoxia y, así, la anula. Incorporarse al sistema implica, obviamente, empezar a formar parte de él, transformar lo que uno viene siendo en algo aceptable que permita ser aceptado, para lo que es necesario pagar el precio del billete. Entrar a formar parte de la élite no suprime absolutamente la discriminación, sino que ubica al individuo en la posición de las *élites discriminadas*, que deben realizar determinados sacrificios para garantizar el cumplimiento de los esfuerzos que se les demanda.[175] En el caso de gais, lesbianas, bisexuales y transexuales, se convierte nuevamente en fundamental el tema de la *discreción*: ser sin parecer en exceso, pero seguir pareciendo lo suficiente como para ser reconocido y vigilado, para tomar acciones represivas si se manifiesta lo excesivo. La expresión del género se convierte en este caso, como era de esperar, en uno de los puntos centrales de atención de la «policía de la inserción»: las lesbianas deberán aceptar al menos la maternidad para afirmarse como mujeres y así ser mejor toleradas,[176] las personas trans realizarán una transición completa con cuantas cirugías y hormonaciones sean precisas hasta convertirse en lo que se estipula que es un hombre y una mujer, la bisexualidad se disolverá en el binomio homo/hétero y acatará sus mandatos, y los hombres gais podrán ser masculinos si bien, a los ojos de la heterosexualidad, lo femenino les perseguirá impregnando buena parte de sus rasgos. Quedará atrás el tipo del *mariquita afeminado*, pero sus oficios se actualizarán en profesiones y habilidades marcadamente *gais*: los cuidados y la estética, precisamente los ámbitos vinculados normativamente a lo femenino,

---

[175] Bourdieu, *op. cit.*, p. 116.
[176] Viñuales, *op. cit.*, p. 113.

porque «no puede ir mucho más allá» dentro de ese modelo heterosexual.[177] Además, el mismo velo simbólico que coloca a las mujeres dentro de un «cercado invisible», en palabras de Bourdieu, se extenderá a toda la heterodoxia sexual, para la que el *ambiente* más o menos autogenerado se convertirá en gineceo. Solo dentro de los espacios reconocibles como supuestamente propios de los heterodoxos será posible que su diferencia sea manifestada.

«La homosexualidad, pues, ya no es posible para toda clase de personas, sino solo para quienes viven según lo previsto por el catecismo gay», que se convierte y promociona como identidad de *distinción* si se cumplen a rajatabla los mandatos de lo homonormativo, en tanto se mantiene como estigma si se desafían.[178] La posición privilegiada en el grupo de heterodoxos de quienes alcanzan el estatus del reconocimiento y la tolerancia les otorga, además, la facultad de ejercer sobre los inadaptados la misma violencia simbólica de la que han escapado, así como de cuestionar la misma existencia de la discriminación, alegando no haber sido víctima de la homofobia —quizá por no ser capaces de reconocerla y reconocerse en ella—, y de llegar a negar la sexualidad como factor relevante en la constitución de la identidad. Es el síndrome de la abeja reina que se emplea para analizar el caso de las mujeres que alcanzan la élite y reniegan entonces del Feminismo, afirmando que su posición es prueba de la existencia de la igualdad. Es el *parvenu* o arribista del que hablaba Hannah Arendt al analizar el caso de los judíos en Alemania.

En definitiva, como indica Villaamil, «el homosexual normal como estrategia política definida por ciertos sectores del colecti-

---

[177] Guasch, *Héroes, científicos, heterosexuales y gays*, p. 113.
[178] Guasch, *La crisis de la heterosexualidad*, pp. 29-30.

vo LGTB es profundamente *trivial,* porque se niega a sí mismo la posibilidad de conocer la estructura profunda de la desigualdad sexual».[179] La aceptación de la heteronomía, de las normas externas para regularse uno mismo y adecuarse a los patrones que provocan esa misma necesidad de adaptación para evitar la violencia, no es en ningún caso más que un recurso de supervivencia en un medio hostil, pero no cuestiona en ningún momento la existencia de la hostilidad ni hace nada para acabar con ella. Muy al contrario, la perpetúa. Convertirse en un estereotipo y acatar las reglas de comportamiento heterosexuales puede salvarnos momentáneamente de la homofobia, pero, como bien indica Amelia Valcárcel, «no es dueño de sí mismo aquel al que se le exija una presentación tópica».[180]

REFORMA O REVOLUCIÓN: ¿IGUALES O DIFERENTES?

Si en lugar de acatar sin miramientos los mandatos del sistema relacional heterosexual decidimos que para erradicar la homofobia debemos modificarlo de un modo u otro, con la intención de evitar que siga manifestándose de forma contraria a los intereses del grupo de personas que son víctimas de la discriminación, nacen ante nosotros dos posibles vías de actuación: realizar una serie de reformas concretas hasta impedir las expresiones homófobas o iniciar una revolución que sustituya el propio sistema por otro más respetuoso con nuestros derechos. De la tensión entre ambas posibilidades de afrontar la reivindicación nace la

---

[179] Villaamil, *op. cit.*, p. 33.
[180] Valcárcel, *op. cit.*, p. 248.

mayor parte del discurso activista, o debería nacer, pues, aunque suele decirse que el debate entre una y otra postura está ya bastante superado por el movimiento, creo más apropiado decir que en realidad está olvidado, pues resulta frecuente encontrar acciones contradictorias en cuanto a esto provenientes de un mismo grupo activista que, me temo, no están planteadas precisamente respondiendo a intereses estratégicos. Para evitarlo, y por las consecuencias discursivas de cada uno de los modelos, es necesario exponer sus planteamientos fundamentales.[181]

Alberto Mira expone bien los postulados sobre los que se asientan los dos planteamientos básicos desde los que desarrollar nuestro activismo. En cuanto al primero, llamado por igual asimilacionismo o integracionismo, sus partidarios

quieren llegar a una «desaparición» de la identidad gay. Los gays, aducen, son ciudadanos como el resto de la población. No piden privilegios siempre que no haya discriminación. El movimiento gay pretendía, según ellos, conseguir unos objetivos que en su mayor parte se han logrado ya. Cuando se lleven a cabo las escasas reformas legales que quedan pendientes (referentes al matrimonio y al ejército principalmente) se habrá alcanzado una situación de igualdad que hará la identidad gay casi obsoleta. Los homosexuales ya no tendrán nada de especial: serán como cualquier otro grupo de personas que comparten unos rasgos pero sin una identidad fuerte. Ser homosexual será como ser aficionado a la filatelia o abstemio: nunca serán una mayoría, pero esto dejará de ser un problema.[182]

---

[181] El mejor texto que conozco sobre las diferencias entre ambos modelos es el más que recomendable *Minorías sociales y sociología de la diferencia*, de Laurentino Vélez-Pelligrini.
[182] Mira, *Para entendernos*, p. 413.

De este modo, cualquier sexualidad heterodoxa no resultaría rasgo suficiente para realizar una diferenciación respecto de la ortodoxia, y la cualidad de no ser heterosexual no supondría más que un atributo como cualquier otro, semejante a, como dice el autor, una afición en particular o, mejor aún, para asegurar que se trata de algo inmutable, un color en los ojos, en el pelo o en la piel que no fuera mayoritario entre la población. Partiendo, claro, de que cualquiera de esas particularidades pudiera ser objeto de discriminación, la única reforma por hacer consistiría precisamente en erradicar el valor diferenciador de esa cualidad, hacer desaparecer el estigma, encaminando hacia ese fin último las acciones reivindicativas y, mientras tanto, asegurando que los rasgos que aún pueden considerarse diferentes no den lugar a discriminaciones.

Por eso mismo cualquier reivindicación articulada en el fundamento de una identidad específica se consideraría en este modelo un «integrismo identitario», en palabras de Daniel Borrillo, que no considera «que la orientación sexual pueda constituir la sustancia de una identidad. Pretender eso implicaría encerrar a las personas en un sistema de actitudes y de comportamientos limitándolas a una conciencia de sí mismas apenas escogida. La sexualidad de un individuo parece un elemento demasiado poco significativo como para pretender definirlo. La "personalidad homosexual" no existe».[183] Para el asimilacionismo el objetivo final, más que la promoción de la tolerancia y el respeto entre diferentes posibilidades vitales, consistiría en la *indiferencia* entre todas ellas, que, como consecuencia, se unificarían en un modelo único, un modelo heterosexual *reformado* para garantizar la integración de las personas no heterosexuales.

---

[183] Borrillo, *op. cit.*, p. 129.

Para esta forma de plantear el activismo supuso toda una re-velación el libro *Prácticamente normal,* de Andrew Sullivan. Resulta indicativo encontrar en él una importante puesta en valor del compromiso, la monogamia, el matrimonio y la estabilidad co-mo características del modelo heterosexual que pueden y deben extenderse a las personas homosexuales, a través de la regula-ción del matrimonio entre personas del mismo sexo. Entiende el autor que tanto «las necesidades y los sentimientos de los niños y de los adolescentes homosexuales son del todo intercambia-bles con los de sus compañeros heterosexuales» como que «los deseos emocionales del homosexual, su evolución y sus sueños son fenómenos humanos reconocibles en el acto —creo— para cualquier heterosexual», esto es, que unas y otras personas dis-ponen de la misma forma de sentimentalidad y que precisamente para garantizar su adecuado desarrollo también entre los jóvenes no heterosexuales debe regularse el matrimonio. «Para ellos, por fin, habría algún tipo de futuro; rostros de adultos en los que sus vidas en desarrollo podrían mirarse, un lenguaje en el que su identidad podría discutirse apropiadamente (no en términos de sexo, ni de prácticas sexuales, bares o actividad subterránea, sino en términos de vida futura, de posibles amores, de posibilidad de algún tipo de felicidad constructiva)».[184] Aunque resulta evidente que Sullivan considera edificante solo un tipo de felicidad, y no valora la posibilidad de que el desarrollo vital de cualquier per-sona pueda resultar provechoso fuera de los valores asociados a la institución del matrimonio, bien es cierto que a través de la incorporación de las personas no heterosexuales se garantiza el crecimiento en igualdad de toda la juventud, sean cuales sean sus

---

[184] Sullivan, *Prácticamente normal,* pp. 225, 221, 215, 207.

deseos. Con el inconveniente, claro está, de que preocuparnos únicamente por ese desarrollo sentimental parece obviar la necesidad de atender a la violencia de la que esos mismos jóvenes, aunque legalmente iguales, son víctimas si no hay muchos más cambios en el modelo heterosexual.

Frente a las ideas de la posición asimilacionista, que como vemos pueden llegar a encontrar varios puntos en común con los preceptos de la ley del agrado, existe la postura *antiasimilacionista*, también llamada *separatista* o *comunitarista*, que señala que

> es la sociedad heterosexista la que es presa del error. Sus modelos y estructuras están anticuados y necesitan una revisión radical y un cambio que tenga en cuenta las experiencias positivas de los gays. En otras palabras, son «ellos» quienes tienen algo que aprender. Se trata, por supuesto, de un proyecto más utópico, pero mucho más interesante.[185]

Los postulados comunitaristas reivindican así la diferencia de las sexualidades heterodoxas como un valor, cuyas particularidades pueden mejorar las instituciones de las que están excluidas. Sus reivindicaciones, por tanto, implican un reconocimiento de derechos para las personas no heterosexuales equiparable a los que disfrutan como privilegios las heterosexuales, pero sin que ello suponga ninguna merma a sus especificidades. Afirmando la diferencia, consideran a las personas no heterosexuales como mucho más que un grupo social: *somos* una comunidad. Como tal, tenemos unas fronteras que determinan quién forma parte y quién no del *nosotros*, una existencia que se evidencia únicamente a través de la serie de categorías con la que nos nombramos —que

---

[185] Mira, *Para entendernos*, p. 413.

no suelen ser producción propia, creada por *nosotros*, sino heredada y reapropiada de los *otros*—; y una conciencia grupal, que permite que cada *uno* se sienta identificado con el *nosotros*.[186] Dejando a un lado el sentimiento comunitario, que en muchas ocasiones —y en especial en el caso español— resulta demasiado endeble y no significa mucho más que una serie de instituciones simbólicas compartidas, cuando podría incorporar una serie de valores éticos,[187] resulta fundamental para este discurso de diferencia la importancia de esas categorías, que suponen no un mero adjetivo para denominar una cualidad personal, sino una parte principal de la identidad de cada persona.

Si bien es cierto que siempre necesitamos determinadas palabras para nombrar nuestras características y que se espera que empleemos siempre las mismas porque «la necesidad de comparecer ante los otros nos obliga a presentarnos con una cierta lógica cognitiva, a definirnos y explicarnos como si nuestro ser de hoy fuera el mismo de ayer»,[188] para la posición identitaria estas palabras son mucho más que ideas descriptivas: «la identidad implica compromiso (sobre todo ante uno mismo) y una vida cotidiana acorde con lo que se cree. La identidad supone vivir de dentro hacia fuera».[189] Las etiquetas *gay, lesbiana, bisexual, trans* y tantas otras se convierten de este modo en una posición política, que implica una ideología sobre el modo en que se desarrolla la cualidad de la persona a la que se refieren.

Pero corren el riesgo de convertirse en meras representaciones estáticas, ideas únicamente estéticas y no éticas, y perder su con-

---

[186] Viñuales, *op. cit.*, pp. 75-76.
[187] Villaamil, *op. cit.*, p. 68; Badinter, *op. cit.*, p. 140n.
[188] Viñuales, *op. cit.*, p. 71.
[189] Guasch, *Héroes, científicos, heterosexuales y gays*, p. 136.

tenido reivindicativo. Villaamil indica que «a medida que los gays y lesbianas van accediendo a sus propias representaciones, se producen de modo inmediato dos reacciones: o bien se trata de una representación para la mirada heterosexual, o bien la propia representación se transforma en una mera exhibición, se distorsiona y finalmente confirma el estereotipo más crudo».[190] Porque, si las etiquetas identitarias sirven para presentarse ante lo normativo, deben ser entendibles para él, puesto que «la identidad erótica nunca se circunscribe simplemente a sí misma, nunca deja de ser relacional, nunca es percibida o conocida por alguien que esté fuera de una estructura de transmisión o contratransmisión»[191] y, de ese modo, la necesaria adecuación a la capacidad de comprensión del otro provocará siempre que las etiquetas que reivindicamos como propias no dejen de ser una derivación de los principios con que esos mismos otros nos analizan y categorizan.

De igual manera, la excesiva valoración de la etiqueta identitaria puede generar, y genera —un esencialismo a partir de ella— la consideración de que la persona describible con esa palabra ha de ser pura e inmutable en sus rasgos. Uno de los tópicos habituales, entonces, es negar su uso a quienes tienen un pasado heterosexual: «para ser lesbiana hay que serlo desde la cuna, afirman algunas, las que se erigen en auténticas portadoras de la identidad lésbica».[192]

Además, por si fuera poco, las identidades tienen una vida limitada, porque «la identidad gay y lesbiana es la respuesta política a los controles sociales relativos a la homosexualidad y deja-

---

[190] Villaamil, *op. cit.*, p. 33.
[191] Kosofsky Sedgwick, *op. cit.*, p. 107.
[192] Viñuales, *op. cit.*, p. 99.

rá de tener sentido (y dejará de ser socialmente posible) cuando ese control social desaparezca».[193] Cuando la reivindicación política ya no es necesaria, porque todos los objetivos se han conseguido, puede afirmarse que existe la igualdad, convirtiéndose entonces en irrelevante cualquier diferenciación. El problema que se nos presenta hoy en este aspecto es que, tras la consecución de unos determinados derechos, puede valorarse que ya se ha conseguido esa igualdad y, en consecuencia, dejen de ser deseables no solo las etiquetas identitarias, sino también los posicionamientos políticos. Y en este punto pueden suceder, en ocasiones al mismo tiempo, dos cosas: el adocenamiento de las personas no heterosexuales, conformes con lo conseguido hasta el momento, y/o la aparición de nuevas reivindicaciones, derivadas de nuevos conflictos cuya solución empieza a reivindicarse, incluso sin que se haya cerrado la etapa anterior, lo que provoca la convivencia de modelos identitarios que en ocasiones imposibilitan el desarrollo unos de otros. Es el nacimiento de lo *queer*.

Declararse *queer* supone, en primer término, realizar una crítica subversiva al uso habitual de las etiquetas identitarias. Antes hablábamos de la asimilación y las posiciones contrarias a ella, que pueden entenderse metafóricamente como un juego de ajedrez: la perspectiva de la integración entiende que las figuras blancas y negras realmente son iguales, con la salvedad de que unas están manchadas con un estigma que hay que limpiar, en tanto que la postura comunitarista defiende que cada pieza tiene su propio color, pero es preciso cambiar las reglas del juego para evitar la confrontación en la que siempre vencerá el mismo bando. Lo *queer* va más allá y, dentro de esta metáfora, cuestiona la

---

[193] Guasch, *La crisis de la heterosexualidad*, p. 32.

misma forma del tablero, pues entiende que la posible diferenciación entre unas y otras figuras se produce gracias a las características de este. Para lo *queer* el sujeto se construye como una u otra pieza del ajedrez según dónde esté colocado en el tablero, luego ese reconocimiento no es del todo autónomo.

Un primer problema podría encontrarse en que, a pesar de pretender la innovación absoluta, el discurso *queer* aparece como «una reacción a la institucionalización, el etnocentrismo y el androcentrismo del activismo gay del momento»[194] y, de un modo u otro, a pesar de sus intentos de autonomía, nace condicionado por su oposición a estos fenómenos que se producían dentro del discurso general del movimiento. Sus postulados, así, sirven como argumentos para la escisión que se produce, como dijimos, a principios de la década de los noventa, cuando se reorganizan los colectivos reivindicativos y se diferencian posiciones posibilistas que empiezan a demandar el matrimonio y otras que se consideran entonces como radicales.

Desde finales de los ochenta, «los grupos *queer* rompen el determinismo identitario, que había sido necesario en su momento para la movilización, y se rebelan contra la concepción de las identidades como algo inamovible y contra las relaciones de poder que se establecen en el seno de esas identidades».[195] Sus postulados muy pronto se convierten en reflexión académica, con su forma habitual de *teoría queer*, que aparece por vez primera en 1991 de la mano de Teresa de Lauretis, en su prólogo a un número de la revista *Differences* dedicado a distintas reflexiones acerca de las sexualidades gais y lésbicas. No obstante, poco

---

[194] Coll-Planas, *op. cit.*, p. 53
[195] Trujillo Barbadillo, «Desde los márgenes», p. 31.

después, en 1994, la misma De Lauretis reivindicará en la misma publicación el uso de la etiqueta *lesbiana* como «una forma de distanciamiento de la "teoría queer", que, desde que yo la planteara como una hipótesis de trabajo para los estudios gays y lesbianos [...], se ha convertido rápidamente en una criatura conceptualmente vacía de la industria publicitaria».[196] Desde el primer momento, como vemos, ha sido un concepto condicionado por la controversia, pero aún hoy, veinticinco años después, sigue siendo habitual emplearlo y defender su contenido ideológico.

¿A qué se refiere exactamente *queer*? Se trata de un término inglés, traducible como 'raro', con una fuerte connotación que alcanza las formas de expresión del género —'rarito'—, y que en torno a la década de 1940 fue asumido por los varones homosexuales masculinos para diferenciarse de los afeminados. Hoy, «*queer* se presenta como una etiqueta abierta, inclusiva y antiesencialista, que agrupa a personas con un sexo, género o sexualidad no normativos», y cuyo discurso reivindicativo «se caracteriza por una voluntad de subversión de las identidades, por una defensa de las formas de placer y afecto minoritarias y por un rechazo a la demanda de igualdad, que se considera que refuerza los valores sociales que precisamente se quieren combatir».[197] A partir de estos rasgos fundamentales se han venido construyendo otros muchos, hasta completarse la compleja maquinaria académica en que se ha convertido la *teoría queer*. Entre

---

[196] Citado por Sáez, *Teoría queer y psicoanálisis*, p. 127.

[197] Coll-Planas, *op. cit.*, p. 53. Si bien este texto de Coll-Planas es una buena aproximación a lo *queer*, debemos a Susana López Penedo el mejor trabajo en castellano para acercar el concepto al lector, a través de *El laberinto queer*.

sus muchos componentes quizá los más interesantes resulten su crítica global al sistema cultural de la heterosexualidad y su análisis interseccional, gracias al que lo *queer* puede articularse como una reivindicación «bisagra», al extender sus observaciones sobre el sexo y el género a cuestiones como la etnia, la multiculturalidad, etc., que vincula un gran número de movimientos sociales y les permite enriquecerse mutuamente.[198] Por otro lado, es precisamente su forma de entender sexo y género el elemento que suscita mayor polémica.

Desde que Judith Butler publicara en 1990 *Deshacer el género*, reconocemos que el tablero donde pueden jugar nuestras identidades es precisamente el género. A lo largo de su trayectoria la autora cuestiona los vínculos entre lo que conocemos como sexo, consistente *a priori* en una serie de caracteres biológicos, y el concepto del género, la construcción cultural que aglutina los rasgos asociados a cada uno de los sexos. Para Butler, es el género el que da forma al sexo. Por así decirlo, el género es el mecanismo cultural que construye el ser humano para analizar las diferencias entre los sexos, y de ahí parte un interesante debate entre la posibilidad de que exista o no una realidad llamada sexo más allá de las consideraciones que sobre él realiza el género, y sobre si este precede o no al individuo que lo manifiesta. Para Butler, el género se construye *performándolo*, representando unas acciones determinadas asociadas o no al género al que se nos adscribe, y de ese modo se abre a la posibilidad de la subversión, de que la puesta en escena se lleve a cabo con la intención de cuestionar los roles de género normativos. Lo *queer* considera que el hecho de que una persona escenifique los roles que le son

---

[198] López Penedo, *op. cit.*, p. 306.

contrarios sirve como crítica a esos roles y deconstruye el concepto de género. Por desgracia, y se ha señalado ya en varias ocasiones,[199] resulta un planteamiento erróneo: aun con la intención de crear nuevas expresiones de género, la representación toma como referencia los roles de género establecidos, y es bien sabido que la *inversión* juega un importante papel cultural precisamente para reforzar el *statu quo*. El Carnaval es un buen ejemplo: en él encontramos que la figura del varón en hábito de mujer, además de caracterizarse como grotesca, no hace sino afirmar que existen vestimentas asociadas a cada sexo que, como nos enseña la tradición de la cultura popular, únicamente pueden cuestionarse durante el tiempo en que dura la fiesta, para volver después a la *normalidad* de la Cuaresma, o de los roles de género tradicionales.

Son muchas, así, las críticas que ha recibido el pensamiento *queer*. Una de las principales, dejando a un lado el hecho de que no puede aceptarse que sea realmente una teoría,[200] es su individualismo. La construcción autónoma de la identidad, en ocasiones con la pretensión de obviar toda referencia exterior —aunque comprobamos que en realidad esto resulta prácticamente imposible—, aísla al individuo en su propio laberinto identitario que «deslegitima la construcción de comunidades, alianzas y relaciones interpersonales para reenviar sus esfuerzos a la construcción

---

[199] Guasch, «¿Por qué los varones son discriminados por serlo?», pp. 96-97.

[200] «La palabra teoría desprende un brillo especial, provoca una seducción, traduce una especie de esperanza de explicación, de verdad final que aparecerá de forma coherente en su seno. Sin embargo, lo que llamamos teoría queer no es un corpus organizado de enunciados, ni tiene ninguna pretensión de cientificidad, ni posee un autor único, ni aspira a dar cuenta de un objeto claramente definido, es decir, no es propiamente hablando "una teoría"» (Sáez, *op. cit.*, pp. 126-127).

reduccionista de textos que solo sirven para uso propio», esto es, que «al basarse en la mismidad del sujeto, solo genera prácticas individuales que no se coagulan en identidades coherentes y colectivas». Además, no consigue escapar de las dinámicas de consumo que critica en el modelo gay-lésbico, hasta el punto de «convertirse las mismas identidades que promueven en objeto de consumo».[201] Lo *queer* aporta únicamente soluciones individuales, y es difícil construir sobre ellas un discurso colectivo con verdadero potencial de transformación social. En cierto modo, resulta un privilegio de unos pocos tener la capacidad de debatir sobre si determinados animales son galgos o podencos y otros somos liebres o conejos, cuando son muchas las personas, la mayoría, que están preocupadas sobre todo por no ser víctimas de las dentelladas. En este sentido, se menciona de manera habitual que se ha convertido en un discurso ciertamente elitista, producido por especialistas para su autoconsumo o para aprovechar que lo subversivo no deja de ser un reclamo publicitario que mueve buenas sumas de dinero. Laurentino Vélez-Pelligrini, en su artículo «Teoría queer: de la esperanza al gran fraude», realiza una crítica certera sobre cómo determinados autores han convertido unos posicionamientos teóricos que resultaban sumamente interesantes en un medio para enriquecer su «megalomanía», de modo que la teoría queer «ha perdido cualquier oportunidad de volver a ser discursivamente creíble en la crítica y la lucha contra las discriminaciones que todavía viven muchos gays, lesbianas y transexuales».[202]

---

[201] López Penedo, *op. cit.*, pp. 265, 305-306, 292

[202] Vélez-Pelligrini, «Teoría queer: de la esperanza al gran fraude», p. 47. Vidarte indica, más explícitamente: «paso de teoría queer ni hostias, eso no pone de acuerdo a nadie, a mí ha dejado de satisfacerme políticamente, se ha convertido en trampolín

En resumen, si bien lo *queer*, en palabras de Edelman, «nos debe recordar que estamos imbuidos por estados de deseo que exceden nuestra capacidad para nombrarlos»,[203] las prácticas políticas resultantes de este posicionamiento resultan individualistas e improductivas. Como sentencia López Penedo, «el sujeto queer es capaz de reconstruirse a sí mismo e incluso fragmentarse acto seguido, pero parece incapaz de articularse como agente social para sacar provecho de esa alta capacidad reflexiva».[204]

Tras exponer las dos posturas fundamentales, con la particularidad de lo *queer*, que nos permiten saber desde dónde es posible empezar el largo camino para erradicar la homofobia, es necesario indicar una paradoja que se establece en este debate entre asimilarse y ser igual o reivindicarse como diferente. Como indica Borrillo, «si se acepta que la "diferencia homosexual" está desprovista de cualquier sentido político, no hay ningún motivo que justifique que le sea reservado un tratamiento jurídico de excepción». Para él, «los y las homosexuales no constituyen una comunidad y mucho menos un sujeto político»[205] y la consecuencia de este planteamiento es que, si la diferencia no es relevante, no pueden demandarse medidas específicas para un grupo que no está diferenciado. Al contrario, si suponemos que sí resulta relevante esa diferencia entre las personas heterosexuales y aquellas que no lo son, sirve esa diferenciación de igual manera

---

de ganapanes universitarios que se sacan las lentejas como pueden; no dudo de su eficacia hasta cierto punto y está bien que se haga, pero se encuentra ya a tanta distancia de la gente que a mí me aburre muchísimo, por no hablar de la indignación que me produce verlo convertirse en un coto de cuatro elitistas que venden recetas de libertad por precios muy poco módicos», *op. cit.*, p. 13.

[203] Citado y traducido por López Penedo, *op. cit.*, p. 123.

[204] López Penedo, *op. cit.*, p. 252.

[205] Borrillo, *op. cit.*, p. 113.

como argumento contrario a reconocer la igualdad entre unas y otras, porque se está afirmando que existe una diferencia que, consecuentemente, «obliga» a prestar tratos diferenciados.

Todo este debate para descubrir si somos iguales o diferentes encierra, como vemos, una trampa malvada, pero que no es una trampa nueva. El Feminismo se enfrentó a este mismo problema, diez años antes de la aparición de la cuestión *queer*, con la oposición entre el feminismo de la igualdad y el feminismo de la diferencia. Resumiendo muy brevemente —quizá demasiado— ambas posturas, puede decirse, en primer lugar, que las feministas de la igualdad pretendían garantizar a las mujeres el acceso en todos los ámbitos a todos los derechos de que disfrutaban los varones como privilegios. Mientras, las feministas de la diferencia reivindicaban un replanteamiento de esos ámbitos pues, al haber sido construidos por y para los varones, estaban impregnados de su género, resultaban espacios varoniles que, desde la puesta en valor de la feminidad, no podían ocupar las mujeres sin tener que renunciar a ella previamente. Victoria Sendón de León afirma que «no queremos ser iguales si no se cuestiona el modelo social y cultural androcéntrico, pues entonces la igualdad significaría el triunfo definitivo del paradigma»;[206] pero sucede que para poder cuestionarlo y, además, transformarlo es necesario partir de una situación de poder suficiente, que solo se alcanza a través de la reivindicación de la igualdad. Lo decía Celia Amorós: «No redefine quien quiere, sino quien puede». Todos y todas compartimos la necesidad de edificar un mundo mejor, para lesbianas, gais, bisexuales, transexuales, y también para mujeres, personas de otras etnias y nacionalidades, de otras capaci-

---

[206] Sendón de León, *Marcar las diferencias*, p. 19.

dades, etc. El problema es que cambiar el mundo desde la opresión resulta prácticamente imposible.

¿QUÉ HACEMOS PARA ERRADICAR LA HOMOFOBIA?

Desde uno u otro posicionamiento, con la pretensión de acabar con la discriminación, son muchas y muy diferentes las acciones que es posible llevar a cabo. Aunque las posiciones más antiasimilacionistas defiendan que «el movimiento político gay ha fracasado en su lucha contra la homofobia, y ha quemado sus naves en la defensa de la cuestión del matrimonio»,[207] hay quien reconoce, como López Penedo, que su aprobación «demuestra que algunas estrategias de los movimientos identitarios, como el de gays y lesbianas, funcionan» y que «oponerse al sistema por "sistema", sin valorar los elementos positivos del mismo, sino a modo de enmienda a la totalidad, no lleva a ninguna parte y, desde luego, no es liberador. Es necesario alejarse de la agitación entre grupos de minorías para centrar nuestros esfuerzos en contra de los planos de opresión».[208]

Tenemos un grave problema: desde la aprobación del Matrimonio Igualitario y la primera Ley de Identidad de Género, parece que el movimiento se ha quedado sin ideas. Y no debe extrañarnos: al Feminismo le sucedió exactamente lo mismo. Tras la consecución del voto femenino en gran parte de los países de Occidente, se sumió en la búsqueda de nuevos horizontes, que tardaron casi cuatro décadas en ser divisados. Fue entonces cuan-

[207] Guasch, *Héroes, científicos, heterosexuales y gays*, p. 115.
[208] López Penedo, *op. cit.*, p. 307.

do apareció el Feminismo de la segunda ola, dispuesto a luchar contra la violencia que sufren las mujeres en todos los ámbitos. Encontró un objetivo global que aún hoy, desgraciadamente, queda muy lejos, pero que permite que siga desarrollándose el Feminismo.

A lesbianas, gais, transexuales y bisexuales nos ha ocurrido algo similar. Una vez superada la primera ola de nuestro activismo y conseguida la despenalización de las sexualidades heterodoxas en buena parte de Occidente, todo cambió. Y fue años después, al mismo tiempo que nuestro movimiento *hermana*, el Feminismo, encontraba un nuevo objetivo, cuando hallamos el nuestro: la liberación sexual. Pero nos topamos con un problema en el camino que nos obligó a detener el paso. La crisis del VIH nos exigió aplazar gran parte de las cuestiones que nos venían ocupando para asegurar la asistencia a nuestros enfermos y propiciar una seguridad básica a través del reconocimiento de la pareja. Nos centramos así en una lucha sanitaria y de la convivencia, que culmina con la aprobación del Matrimonio Igualitario. Y a partir de entonces, de nuevo la desmovilización.

Hace más de una década, Olga Viñuales indicaba que nuestros colectivos «están en un momento crítico, ya que tienen que afrontar la tarea de crear un sentimiento identitario alrededor del que organizarse que respete, al mismo tiempo, el individualismo y la necesidad de independencia de las nuevas generaciones».[209] Y años después seguimos prácticamente igual. Existen grupos reivindicativos radicales que se han entregado a lo *queer*, con las fortunas y desgracias que ese discurso conlleva, como dijimos más arriba. Y otros colectivos se han convertido en institucionales, y es su larga dedicación al asistencialismo lo que les supone

---

[209] Viñuales, *op. cit.*, p. 83.

un lastre para su discurso. «Pueden organizar un taller, invitar a la gente a asistir, pagarles una comida y escribir un buen informe, pero no pueden construir nada de base»: su vinculación a lo estatal conlleva una trampa, pues los convierte en entidades dependientes de subvenciones, que realizan precisamente las actividades que el Estado evita llevar a cabo, pero siempre bajo su supervisión.[210]

Las reivindicaciones de lo *queer* son ya tan abstractas como imposibles de materializar, cuando los grupos deciden entablar algún contacto con las instituciones, que no siempre es así; y las demandas de los colectivos institucionales se limitan a una serie de reformas concretas, muchas veces desorganizadas, y que no terminan de poner en tela de juicio la homofobia en sí misma, sino solo paliar sus efectos. Reclamar una reforma en la Educación se ha convertido en un tópico, y ciertamente es el único camino para construir un nuevo contexto social que no resulte agresivo para las sexualidades heterodoxas. Pero siempre será bajo los condicionamientos de lo ortodoxo, siguiendo un modelo determinado que, en sí mismo, ya es una fuente incesante de violencia simbólica.[211]

Frente a todo ello, disponemos de una entretenedora *cultura gay*, donde a duras penas pueden entrar otras personas no heterosexuales, y que va extendiéndose por todo el planeta, impo-

---

[210] López Penedo, *op. cit.*, pp. 271-272.

[211] Es muy numerosa la bibliografía que aporta algunas soluciones a los problemas específicos que provoca la homofobia. Las *Herramientas para combatir el bullying homofóbico* de Platero Méndez y Gómez Ceto, el libro blanco europeo *Contra la homofobia. Políticas locales de igualdad por razón de orientación sexual y de identidad de género*, y muchos más ensayos son imprescindibles, pero en este libro mi intención es llegar más allá de los remedios puntuales, y trataré de hablar de soluciones más globales.

niendo sus mitos globales a los mitos locales. «Sin embargo, en ocasiones, los mitos generan trastornos. Tal es el caso de la subcultura gay, donde el mito de la juventud, la metáfora de la masculinidad y el culto al cuerpo definen un tipo gay ideal masculino tan irreal como inalcanzable».[212] Esta subcultura que disfrutamos genera sus propias formas de violencia y es un subsistema en crisis que, tras el Matrimonio Igualitario, hereda la crisis de la cultura heterosexual. Estamos evolucionando desde un modelo de sociedad familiar a una sociedad de individuos y están cayendo las fronteras entre lo hétero y lo no heterosexual, porque cada vez son más los rasgos compartidos.[213]

En este momento en que cada vez somos más equiparables en nuestras diferencias, ahora que se desdibujan las líneas rojas que nos hacen distinguir la norma de la subversión y que vivimos el cambio hacia el individuo como centro absoluto de nuestra sociedad cada vez menos social, es el momento de hacer algo, de empezar a construir nuestras formas de relacionarnos, erradicando las reglas, las convenciones, los mandatos que son cada vez más endebles. Es el momento de una revolución cultural, de reanudar aquella segunda ola de la liberación que dejamos aparcada. Aprovechemos la oportunidad y pensemos cómo empezar a organizar un mundo sin homofobia.

---

[212] Guasch, *La crisis de la heterosexualidad*, p. 103n.
[213] *Ibid.*, p. 106.

NO HETEROSEXUAL.
POLÍTICA PARA ASTRONAUTAS

Yo soy optimista y confío enormemente en el poder de lo pequeño, de las micropolíticas, de los efectos imprevisibles de cada cosa que hago, de cada línea que escribo.

Paco VIDARTE, *Ética marica*

Hace ya unos años una periodista argentina le preguntó al cantante Falete por su orientación sexual. A la cuestión «¿Eres gay?» él respondió: «No, soy astronauta». Aunque no es más que una anécdota, la metáfora me parece suficientemente interesante.

La homofobia es un proceso cultural cuyo principal sustento es el continuo empleo como referente de la heterosexualidad. Lo que pensamos, lo que decimos y lo que hacemos tiene siempre un origen heterosexual, pues hasta ahora solo hemos sido capaces de movernos con las reglas de su juego, obedeciendo las leyes de su gravedad. Reivindicar la despenalización de las sexualidades heterodoxas, en una primera ola activista, o la liberación sexual, durante la segunda, con el *coitus interruptus* —nunca mejor dicho— de la demanda del matrimonio para todos y todas han sido una serie de ideas de transformación que de manera constante han tenido su centro gravitacional en el *pensamiento heterosexual*. Incluso cuando lo hemos puesto en duda, gracias a los

159

planteamientos *queer*, hemos comprobado que sigue presente, aunque encubierto, y que las revoluciones que se nos ocurren no escapan al lazo invisible de su atracción. Si realmente pretendemos una revolución cultural que acabe con el modelo heterosexual y sus mandatos, sus reglas, sus violencias, es preciso tanto conocerlo y estudiarlo como generador de todas ellas como pasar inmediatamente a ignorarlo como sistema en el que encuadrar nuestro pensamiento reivindicativo. Necesitamos una nueva ética activista que se dedique a algo más que trabajar *contra* la homofobia, porque nuestra posición no puede ser solo contraria sino que necesita de absoluta libertad de movimiento para imaginar nuevos contextos sin más referencia que la de unos nuevos principios totalmente autónomos, unos nuevos valores de libertad, igualdad y hermandad. Necesitamos ser astronautas en un espacio donde no sea perceptible la ley de gravitación heterosexual.

Podemos construir nuestro propio Estado, un país independiente donde por ley esté prohibida la expresión de la heterosexualidad. Si nos levantamos marxistas es posible declarar la «dictadura del mariconado» con la única intención de abolir toda referencia al orden patriarcal. Se ha intentado alguna vez: en 2004 un grupo de activistas australianos, tras la prohibición en su parlamento del Matrimonio Igualitario, navegaron hasta un archipiélago deshabitado para proclamar el Reino Gay y Lésbico de las Islas del Mar de Coral. Pero una distopía homosexualista acabaría reproduciendo las mismas prácticas de dominación, aunque invertidas, y lo habríamos cambiado todo para realmente no haber conseguido ningún cambio. Porque una verdadera revolución no es aquella que cambia unas posiciones por otras, que coloca a las piezas negras del ajedrez en el lugar de las blancas y viceversa. Ni siquiera aquella que consigue modificar la forma del tablero. Una verdadera revolución es la que inventa un juego nuevo.

Para conseguirlo, está claro, nos será preciso abolir la heterosexualidad, pero únicamente en cuanto a sus normas para relacionarse unas personas con otras, como sistema totalitario que todo lo invade y regula. Si pretendemos erradicar la homofobia, la violencia que subsiste en el modo en que se nos percibe y se nos trata, el objetivo ha de ser transformar las reglas hegemónicas de la percepción y el tratamiento. Modificar toda la legislación con la intención de regular esas relaciones puede ofrecernos una victoria, pero si queremos un verdadero triunfo la clave de nuestro éxito se esconde en el convencimiento, al que nunca se accede mediante las órdenes sino a través de la empatía. La ley es solo una herramienta de acompañamiento que puede paliar las consecuencias de la homofobia, nunca un fin porque, si el objetivo es la transformación cultural, esta requiere de la persuasión de todos y todas las integrantes de esa cultura. Es entonces a través de las pequeñas acciones, los cambios mínimos, las micropolíticas, como nos será posible ir avanzando en nuestro empeño. De uno en uno, pero todos y todas al mismo tiempo, a través de una serie de modificaciones en nuestra forma de vivir y expresar nuestro deseo y nuestro género, y los compromisos políticos que de ellos se derivan.[214]

La transformación de nuestro pensamiento sobre la sexualidad debe comenzar desde el plano individual, desde el modo en que entendemos nuestra propia forma de experimentar el género

---

[214] Tomo la idea de estas «transformaciones» de los pactos feministas que propone Elena Simón Rodríguez en su magnífico *Democracia vital.*

y el deseo. Aunque no sepamos cómo llamarlo, antes de preguntarnos quiénes somos ya habrá alguien que nos lo haya hecho saber a través de la injuria. El insulto nos marca como diferentes, nos estigmatiza, nos llega a hacer sentir vergüenza de una de nuestras cualidades, y da comienzo a todos los procesos de violencia a los que deberemos enfrentarnos. Y con la violencia, nacerá el miedo. «Cuando veo a un grupo de chicos siento miedo»[215] es una frase que todos y todas reconocemos. Para vencer el miedo construimos una apariencia, que puede ser un armario o una etiqueta identitaria que transforme el insulto en un adjetivo donde sentirse cómodo. Para superar la vergüenza, uno puede llegar con el tiempo a sentir Orgullo, y manifestarlo. Pero a partir de ahí, desde hace ya tiempo, no somos más que lesbianas, gais, bisexuales y transexuales. Las identidades que una vez nos sirvieron como estrategia de reivindicación han dejado de ser dinámicas, han dejado de ser útiles y transformadoras. Son etiquetas estáticas, cada vez menos éticas y cada vez más estéticas, que ya solo sirven para la ostentación y el consumo. Para regodearnos en las diferencias, pasearlas por nuestros guetos, reclamar de tanto en tanto algunos derechos y acabar olvidándonos en nuestros matrimonios de seguir avanzando por el camino hacia la ciudadanía. Es posible construir nuevas identidades, usar otras palabras para seguir hablando de los mismos temas. Pero una revolución necesita de mucho más que eso: requiere salir de la caverna y señalarla como generadora de violencia, dejar de ser *maricón, gay, homosexual* o *queer* y afirmar públicamente que el gran culpable es el pensamiento heterosexual, sus reglas, sus formas, sus imposiciones. Qué más da cómo nos hagamos

---

[215] Recogida por Pichardo Galán en su estudio «Homofobia y acoso escolar», p. 25.

llamar si todas nuestras categorías solo hablan de heterosexualidad porque nacen en una cultura heterosexual. Para escapar de su yugo habría que inventar una lengua propia con la que denominarnos, pero eso es imposible y no queda otra opción que empezar a soñarla mientras negamos ese mundo, salimos al espacio e intentamos ser más libres. «Yo sé quién soy», decía don Quijote, y puedo ser *gay*, *maricón*, *queer*, *homosexual*, *epéntico*... puedo incluso ser un *astronauta*, pero eso importa poco. Lo importante es saber que ni respondo ni quiero responder a lo que se pretende que yo sea. Yo no soy heterosexual, simplemente, porque creo como Paco Vidarte que «no hay más identidad que la que nos hace estar en contra de la homofobia y la transfobia».[216] La primera transformación que hemos de realizar para conseguir un cambio cultural debemos ejercerla dentro de nosotros y nosotras mismas, en nuestra forma de reconocernos en el mundo, visibilizando no tanto nuestra etiqueta cuanto nuestra disidencia de la norma, nuestra capacidad para escapar de la gravedad heterosexual.

Sin embargo, no conseguiremos cambiar nada si solo trabajamos lo individual; nada más que aumentar las diferencias que nos vienen impuestas y nos llevan a desarrollar discursos irreconciliables de los que cada vez es más difícil extraer objetivos comunes. Pero hay algo básico que nos une al resto: el miedo. Porque hemos sufrido la violencia, hemos visto sus efectos en otras personas, o nos sabemos susceptibles de ser sus víctimas. Compartimos ese temor que nos iguala, y es nuestra vivencia de ese miedo la que nos permite establecer vínculos interpersonales, reconocernos en las experiencias de otras muchas personas,

---

[216] Vidarte, *op. cit.*, p. 54.

y reconocerlas a todas iguales a nosotros. Ese reconocimiento se llama *ubuntu*, una filosofía africana que se rige mediante principios muy básicos: «Yo soy porque nosotros somos», «Una persona se hace persona a través de las demás». Yo puedo identificarme como gay, si esta fuera mi etiqueta, porque me reconozco como perteneciente a un grupo que teme y sufre la violencia como consecuencia de su heterodoxia sexual. Y reconozco como iguales a otros gais, lesbianas, bisexuales y transexuales cuando escucho su vivencia de ese miedo y esa violencia. Somos seres sociales e interdependientes, y solo a través del reconocimiento mutuo, de la búsqueda de los vínculos que nos igualan, es posible establecer una colectividad. No somos heterosexuales, ni cisexuales, seamos como seamos. Tenemos en común la experiencia del miedo y de la violencia, y eso es suficiente para unirnos y denunciar el sistema cultural que los provoca y nos oprime. La segunda transformación que necesitamos para conseguir cambiarlo todo se encuentra en nuestra capacidad para superar lo individual y trabajar de manera colectiva, con una nueva ética comunitaria de hermandad, de *sororidad feminista*, que haga fuertes nuestros vínculos.

Necesitamos aliados, aliadas sobre todo, y será fácil encontrarlas. Reforzada la solidaridad entre los pares, resulta sencillo extenderla hacia otras muchas personas cuyas vivencias son semejantes a las nuestras. El ciudadano ejemplar debe ser un varón hetero(cis)sexual adulto, blanco, nacido en el país en que reside, de clase media o alta, y poseedor de una serie normada de capacidades mentales y físicas. La ausencia de cualquiera de esos rasgos genera su propia opresión: hacia las mujeres, hacia las sexualidades heterodoxas, hacia la infancia, la juventud y las personas mayores, hacia personas de otras etnias y migrantes, personas sin recursos, personas con diversidad funcional. Yo me planteo si todas esas propiedades no son interdependientes, si no es posible ser un varón prototipo si además uno no es blanco, hetero(cis)sexual, adulto, etc. Pero lo importante es que *todos y todas las otras*, sea cual sea el rasgo que «nos falta», estamos sujetos a la misma política de violencia y miedo, y nos es posible reconocernos mutuamente en la vivencia de nuestra opresión, porque en realidad el origen último de todas las opresiones es el mismo: un modelo de ciudadanía que funciona gracias a un arquetipo y cuestiona los derechos de todo aquel que se aparte lo más mínimo del sistema. Necesitamos nuevas formas de relacionarnos limpias de las marcas de la dominación, y para ello es precisa una tercera transformación cultural que genere un consenso solidario entre todas las personas que somos víctimas de la discriminación, para empezar a construir un mundo libre de toda violencia, que no provoque miedo a nadie y que haga imposible que unas determinadas características personales, convertidas en privilegios, puedan disfrutar de más valor cultural que otras. Nuestra defensa de la ciudadanía plena debe alcanzar más que el voto, el fin de la segregación, el Matrimonio Igualitario y algunas leyes más, porque la ciudadanía se fundamenta en no estar sujeto a la política del miedo.

Vamos a construir un nuevo acuerdo de convivencia, un nuevo contrato social sin violencias implícitas y explícitas, sin miedo. Y para conseguirlo son imprescindibles las personas heterosexuales. El sujeto de nuestra reivindicación hasta ahora ha estado formado exclusivamente por personas reconocibles como lesbianas, gais, bisexuales y transexuales, pero debe comprender a toda la población, porque toda ella es víctima potencial de la homofobia. No vamos a negociar nada, no nos es posible suavizar nuestras reivindicaciones para alcanzar el beneplácito de la ortodoxia sexual. Pero si queremos llevar a cabo una revolución que erradique la homofobia deben incorporarse a nuestro proyecto también quienes sostienen el pensamiento heterosexual. Debemos hacerles entender qué es lo que provocan a través del sistema cultural que les privilegia, poniéndonos en peligro no solo a nosotros y nosotras, sino a todos los seres humanos, también a ellos mismos. Aunque necesitemos espacios propios donde generar nuestras reivindicaciones, si el problema es el modo en que algunas personas reaccionan ante el estímulo de nuestra heterodoxia no será posible ningún cambio hasta que no ataquemos directamente esa regla cultural que les ordena la violencia para corregirnos o eliminarnos; hasta que todas y cada una de las personas heterosexuales entiendan que deben empezar a evolucionar desde la heterosexualidad hacia la *heteroconsciencia*. La cuarta y última transformación que hemos de propiciar es la de las propias personas que hoy entendemos como culpables últimos de la violencia y el miedo que sufrimos, porque una nueva forma de no ser heterosexual no podrá ser plena hasta el nacimiento del nuevo heterosexual que estamos esperando.

Para erradicar la homofobia construyamos la libertad a través de una revolución cultural, una revolución sexual, una revolución del pensamiento. Imaginemos una nueva cultura ética sin ningún vínculo gravitacional con la norma heterosexual. Seamos todos y todas astronautas, reivindiquemos nuestros *placeres prohibidos* como puntos de partida para construir nuevas formas de convivencia, tolerancia, respeto y empatía. Porque la fuerza de nuestros placeres es tal que, como decía Cernuda, *su fulgor puede destruir vuestro mundo*. Y a partir de entonces, entre todos y todas será posible construir un mundo mucho mejor.

AGRADECIMIENTOS

Escribir un libro es siempre un viaje de su autor a lo largo de muchas páginas en blanco pero, como en todo peregrinaje, el camino se hace más llevadero cuando de tarde en tarde uno camina bien acompañado, y es tan justo como necesario dedicar unas líneas a quienes me han acompañado en esta travesía hasta el mismo fondo de la homofobia.

Quiero agradecerle a José Luis Rodríguez Zapatero, en primer lugar, no solo las palabras que dedica a este libro en su amable prólogo, sino también, y fundamentalmente, el trabajo en defensa de nuestros derechos que viene desarrollando desde que su gobierno aprobara la ley que hizo posible el Matrimonio Igualitario: «Oh, capitán, mi capitán», gracias por ser un excelente compañero en esta lucha. Junto a él, todo mi agradecimiento a Mili y Mar por las muchas charlas en la librería Berkana de las que acabó naciendo este libro, por el cuidado con que me han tratado a la hora de editarlo en Egales y, sobre todo, por la labor que desarrollan como centro de pensamiento no heterosexual de Madrid. Sin vosotras, nuestro mundo sería mucho más oscuro.

Por otra parte, son legión los compañeros y amigos que de un modo u otro han aportado ideas valiosas a mi escritura. Artu-

167

ro siempre está ahí para ayudarme a pensar, aun llevándome la contraria, David esperando a leerme siempre el primero, y Nacho Elpidio abriéndome nuevos caminos una y otra vez. También Yago, Rubén, Gabriel, Luis, Josemi y Álvaro, con sus traducciones, que día a día me traen de la teoría a la praxis, de la soledad a la buena compañía. Junto a ellos, los grandes compañeros de todas mis militancias: quienes luchan conmigo en la trinchera de la política, sobre todo Elena, Borja, Adrián, Luis y Marco; y quienes me enseñan activismo continuamente en mi asociación, Arcópoli, entre los que quiero destacar a Diego, Eduardo, David y Carlos Emilio.

Mis compañeros de *Cáscara Amarga*, sobre todo Diego y Ángel, merecen un especial reconocimiento por soportar semanalmente mis columnas, al igual que quienes transitan conmigo el espinoso camino de la Filología: sin la ayuda editora de Pilar, las ideas de Javier y la maestría inagotable de Emilio, junto a tantas y tantas aportaciones de otros y otras, yo no haría las cosas que hago.

Chuchi, Chema y Dani, en el madrileño Café Figueroa, han visto crecer este libro hora tras hora, tarde tras tarde, haciéndome más llevadera la escritura. Y no puedo dejar de mencionar a las mujeres de mi vida, que con el Feminismo me han enseñado a pensar mejor: Noelia, Eli, Isabel, Beatriz, Silvia, Puri, Ángeles, Carla... Son demasiadas para mencionarlas a todas, y aun me parecen pocas. Piedra, Ana, Miren, Pat y Sonia merecen una mención especial, por abrir su librería Mujeres & Compañía a mis continuas dudas. Y a Pedro, mi maestro activista, gracias por ayudarme y vigilar mis pasos, ahora desde el otro lado del arcoíris.

Y en último lugar, pero primero en importancia, nada sería posible sin el apoyo constante de mi familia. Escucharme aun cuando hablo de estas cosas extrañas que yo hago, interesarse por ellas y puntualizar algunas con preguntas ayuda mucho, y que siempre estéis ahí me resulta imprescindible.

A todos y a todas, gracias por vuestro cariño, vuestros cuidados, y por el increíble esfuerzo de haberme soportado durante los meses en que yo no hablaba de otra cosa que no fuera este libro. Gracias por darle sentido a la frase aquella de *La bola de cristal*: «Solo no puedo, con amigos sí».

Ramón Martínez, junio de 2016

BIBLIOGRAFÍA CITADA

AGAMBEN, Giorgio (2015): *¿Qué es un dispositivo?*, Anagrama, Barcelona.

AIME, Marco (2015): *Cultura*, Adriana Hidalgo, Buenos Aires.

ARENDT, Hannah (2005): *Sobre la violencia*, Alianza, Madrid.

ARIAS CONDEMINAS / ARTIGUEZOLA SALGADO (1974): *Amor, matrimonio y sexualidad*, Gassó Hnos, Barcelona.

AYUNTAMIENTO DE BARCELONA (2011): *Contra la homofobia. Políticas locales de igualdad por razón de orientación sexual y de identidad de género*, Ayuntamiento, Barcelona.

BADINTER, Elisabeth (1993): *XY. La identidad masculina*, Alianza, Madrid.

BAROJA, Pío (2002 [1911]): *El árbol de la ciencia*, Alianza, Madrid.

BENTHAM, Jeremy (2002): *De los delitos contra uno mismo*, Biblioteca Nueva, Madrid.

BERNALDO DE QUIRÓS, Constancio / LLANAS AGUILANIEDO, José M.ª (1997 [1901]): *La mala vida en Madrid. Estudio psicosociológico con dibujos y fotografías del natural* [1901], Instituto de Estudios Altoaragoneses, Huesca.

BERSANI, Leo (1998): *Homos*, Manantial, Buenos Aires.

BLUMENFELD, Warren J. (1992): *Homophobia. How we all pay the price*, Beacon Press, Boston.

BORRILLO, Daniel, (2001): *Homofobia*, Bellaterra, Barcelona.

BOSWELL, John (1992): *Cristianismo, tolerancia social y homosexualidad*, Muchnik, Barcelona.

BOURDIEU, Pierre (2000): *La dominación masculina*, Anagrama, Barcelona.

171

BRAVO, Isidre (2007): *La mirada de Zeus*, La Tempestad, Barcelona.

BURTON, Richard Francis, Sir (1989): *Epílogo a las mil y una noches*, Laertes, Barcelona..

BROWNMILLER, Susan (1981): *Contra nuestra voluntad*, Planeta, Barcelona.

CAMPOS, Dr. Alberto (1932): *Las aberraciones del sexo*, Jasón, Barcelona.

CARDÍN, Alberto (1984): *Guerreros, chamanes y travestis. Indicios de homosexualidad entre los exóticos*, Tusquets, Barcelona.

CARLAVILLA, Mauricio (1956): *Sodomitas*, Canales, Madrid.

CARRASCO, Rafael (1986): *Inquisición y represión sexual en Valencia: historia de los sodomitas (1565-1785)*, Laertes, Barcelona.

CONDORCET, Jean-Antoine-Nicolas de Caritat, Marquis de (1847): «Sur Voltaire», en: *Oeuvres de Condorcet*, Firmin Didor Frères, París.

COHEN, Richard (2004): *Comprender y sanar la homosexualidad*, LibrosLibres, Madrid.

COLL-PLANAS, Gerard (2012): *La carne y la metáfora*, Egales, Madrid-Barcelona.

DE LEÓN, Fray Luis (1990): «Égloga II», en: *Poesía completa*, Gredos, Madrid.

DÍAZ DE LA RADA, Ángel (2010): *Cultura, antropología y otras tonterías*, Trotta, Madrid.

DOVER, Kenneth James (2008): *Homosexualidad griega*, El Cobre, Barcelona.

EISNER, Shiri (2013): *Bi. Notes for a bisexual revolution*, Seal Press, Berkeley.

ERIBON, Didier (2001): *Reflexiones sobre la cuestión gay*, Anagrama, Barcelona.

ESTEBAN, Joaquín (2012): *Enfermedad homosexual. Un siglo de investigaciones y tratamientos*, autoedición, EE.UU.

ESTRATÓN DE SARDES (1980): *La musa de los muchachos*, ed. Luis Antonio de Villena, Hiperión, Madrid.

FERNÁNDEZ VILLANUEVA, M.ª Concepción / REVILLA CASTRO, Juan Carlos / DOMÍNGUEZ BILBAO, Roberto (2015): *Psicología social de la violencia*, Síntesis, Madrid.

FOUCAULT, Michel (2005): *Historia de la sexualidad*, Siglo XXI, Madrid.

FRENTE HOMOSEXUAL DE ACCIÓN REVOLUCIONARIA (1979): *Documentos contra la normalidad*, Antoni Bosch, Barcelona.

GENERELO LANASPA, Jesús (2009): «Lesbianas, gays, transexuales o bisexuales. Adolescentes que no botan», en: José Ignacio Pichardo Galán (ed.), *Adolescentes ante la diversidad sexual. Homofobia en los centros educativos*, pp. 53-71, Catarata, Madrid.

GINER, Salvador (2015): *Sociología del mal*, Catarata, Madrid.

GOFFMAN, Erving (2012): *Estigma*, Amorrortu, Buenos Aires.

GÓMEZ ARIAS, Ana Belén (2009): «Adolescentes lesbianas y gays frente a la homofobia», en: José Ignacio Pichardo Galán (ed.), *Adolescentes ante la diversidad sexual. Homofobia en los centros educativos*, pp. 37-52, Catarata, Madrid.

GUASCH, Óscar (1991): *La sociedad rosa*, Anagrama, Barcelona.

— (2000): *La crisis de la heterosexualidad*, Laertes, Barcelona.

— (2006): *Héroes, científicos, heterosexuales y gays. Los varones en perspectiva de género*, Barcelona, Bellaterra, 2006.

— (2007): «¿Por qué los varones son discriminados por serlo? Masculinidades, heroísmos, y discriminaciones de género», en: Félix Rodríguez González (ed.), *Cultura, homosexualidad y homofobia*, pp. 87-103, Laertes, Barcelona.

HARRIS, Marvin (2001): *La cultura norteamericana contemporánea*, Alianza, Madrid.

HELMINIAK, Daniel A. (2003): *Lo que la Biblia realmente dice sobre la homosexualidad*, Egales, Madrid-Barcelona.

HERRERO BRASAS, Juan Antonio (2001): *La sociedad gay*, Foca, Madrid.

IBARRA, Esteban (2011): *La España racista*, Planeta, Madrid.

JOAN, Jordi (1969): *Se prohíbe hablar de los otros*, Gráficas Diamante, Barcelona.

JORDAN, Mark D. (2002): *La invención de la sodomía en la teología cristiana*, Laertes, Barcelona.

JUAN GUTIÉRREZ CUADRADO (ed.) (1974) *Fuero de Béjar*, Universidad de Salamanca, Salamanca.

KATZ, Jonathan Ned (2012): *La invención de la heterosexualidad*, Me Cayó el Veinte, México.

KOSOFSKY SEDGWICK, Eve (1998): *Epistemología del armario*, La Tempestad, Barcelona.

— (2002): «(A)queer y ahora», en: Rafael M. Mérida Jiménez, *Sexualidades transgresoras. Una antología de estudios queer*, pp. 29-54, Icaria, Barcelona.

CARDON, Patrick (ed.) (2005 [1790]): *Les enfans de Sodome à l'Assemblée Nationale*: Question de Genre, Lille.

LIGA ESTUDIANTIL HOMÓFILA (2009 [1969]): «Un manifiesto radical: ¡el movimiento homófilo debe radicalizarse!, en: Rafael M. Mérida Jiménez (ed.), *Manifiestos gays, lesbianos y queer. Testimonios de una lucha (1969-1994)*, pp. 49-50, Icaria, Barcelona.

LLAMAS, Ricardo (1998): *Teoría torcida. Prejuicios y discursos en torno a «la homosexualidad»*, Siglo XXI, Madrid.

LLAMAS, Ricardo, VIDARTE, Francisco Javier (1999): *Homografías*, Espasa, Madrid.

LÓPEZ PENEDO, Susana (2008): *El laberinto queer. La identidad en tiempos del neoliberalismo*, Egales, Madrid-Barcelona.

MARTÍN, Gabriel J. (2016): *Quiérete mucho, maricón*, Barcelona, Roca, 2016.

MARTÍNEZ, Ramón (2011): «Mari(c)ones, travestis y embrujados: La heterodoxia sexual del varón como recurso cómico en el Teatro Breve del Barroco», *Anagnórisis: Revista de investigación teatral*, 3, pp. 9-37.

MARTÍNEZ REDONDO, Patricia (2009): *Extrañándonos de lo normal*, Horas y Horas, Madrid.

MEERSCH, Maxence Van der (1961): *La máscara de carne*, Ediciones G.P., Barcelona.

MÉRIDA JIMÉNEZ (2009): «Prólogo: emergencias, reflexiones y combates», en: Rafael M. Mérida Jiménez (ed.), *Manifiestos gays, lesbianos y queer. Testimonios de una lucha (1969-1994)*, pp. 7-46, Icaria, Barcelona.

MIRA, Alberto (2004): *De Sodoma a Chueca*, Egales, Madrid-Barcelona.

— (2000): *Para entendernos*, La Tempestad, Barcelona.

MISSÉ, Miquel (2013): *Transexualidades*, Egales, Madrid-Barcelona.

NOYDENS, Benito Remigio (1688): *Practica de curas, y confessores, y doctrina para penitentes*, Andrés García, Madrid.

NUSSBAUM, Martha (2006): *El ocultamiento de lo humano: repugnancia, vergüenza y ley*, Katz, Buenos Aires.

PARADINAS, Marcos (2016): *El fin de la homofobia. Derecho a ser libres para amar*, Catarata / Fundación Internacional Baltasar Garzón, Madrid.

PICHARDO GALÁN, José Ignacio (2009): «Conclusión», en: José Ignacio Pichardo Galán (ed.), *Adolescentes ante la diversidad se-*

xual. Homofobia en los centros educativos, pp. 127-131, Catarata, Madrid.

— (2009): «Homofobia y acoso escolar», en: José Ignacio Pichardo Galán (ed.), *Adolescentes ante la diversidad sexual. Homofobia en los centros educativos*, pp. 19-35, Catarata, Madrid.

— (2009): «La diversidad sexual en los centros educativos», en: José Ignacio Pichardo Galán (ed.), *Adolescentes ante la diversidad sexual. Homofobia en los centros educativos*, pp. 95-107, Catarata, Madrid.

— *et al.* (2009): «Actitudes ante la diversidad sexual», en: José Ignacio Pichardo Galán (ed.), *Adolescentes ante la diversidad sexual. Homofobia en los centros educativos*, pp. 73-93, Catarata, Madrid.

PLATERO, Raquel (Lucas) (2012): «Introducción. La interseccionalidad como herramienta de análisis de la sexualidad», en: Raquel (Lucas) Platero (ed.), *Intersecciones: cuerpos y sexualidades en la encrucijada*, pp. 15-72, Bellaterra, Barcelona.

— / GÓMEZ CETO, Emilio (2008): *Herramientas para combatir el bullying homofóbico*, Talasa, Madrid.

RAPPORT, Nigel (2003): «Culture is no excuse», *Social Anthropology*, 11, 3, pp. 373-384.

REAL ACADEMIA ESPAÑOLA (ed.) (1815): *Fuero Juzgo en latín y castellano, cotejado con los más antiguos y preciosos códices*, Ibarra, Madrid.

RICH, Adrienne (2001 [1980]): «Heterosexualidad obligatoria y existencia lesbiana», en: *Sangre, pan y poesía*, pp. 41-86, Icaria, Barcelona.

RODRÍGUEZ DE LA FLOR, Fernando (2002): *Barroco. Representación e ideología en el mundo hispánico (1580-1680)*, Cátedra, Madrid.

RODRÍGUEZ GONZÁLEZ, Félix (2008): *Diccionario gay-lésbico*, Gredos, Madrid.

SÁEZ, Javier (2008): *Teoría Queer y psicoanálisis*, Síntesis, Madrid.

— / CARRASCOSA, Sejo (2011): *Por el culo: políticas anales*, Egales, Madrid-Barcelona.

SAN JERÓNIMO, Fray Juan (1845): *Memorias*, en: Miguel Salvá / Pedro Sáinz de Baranda (eds.), *Documentos inéditos para la Historia de España*, Viuda de Calero, Madrid.

SÁNCHEZ PRIETO, Pedro (ed.) (2003 [1260]): *Judizios de las estrellas*, Universidad de Alcalá de Henares, Alcalá de Henares.

SENDÓN DE LEÓN, Victoria (2002): *Marcar las diferencias. Discursos feministas ante un nuevo siglo*, Icaria, Barcelona.

SHELLEY, Martha (2009 [1970]): «Lo gay es bueno», en: Rafael M. Mérida Jiménez (ed.), *Manifiestos gays, lesbianos y queer. Testimonios de una lucha (1969-1994)*, pp. 69-74, Icaria, Barcelona.

SIGNORILE, Michelangelo (1993): *Queer in America. Sex, the Media and the Closets of Power*, Random House, EE.UU.

SIMÓN RODRÍGUEZ, Elena (2002): *Democracia vital. Mujeres y hombres hacia la plena ciudadanía*, Narcea, Madrid.

SORIANO GIL, Manuel Ángel (2005): *La marginación homosexual en la España de la Transición*, Egales, Madrid-Barcelona.

SULLIVAN, Andrew (1999): *Prácticamente normal*, Egales, Madrid-Barcelona.

TARDIEU, Ambrosio (1882 [1857]): *Estudio médico-legal sobre los delitos contra la honestidad*, La Popular / Simón y Osler, Barcelona-Madrid.

TIN, Louis-Georges (2012): *La invención de la cultura heterosexual*, El Cuenco de Plata, Buenos Aires.

— (dir.) (2012): *Diccionario Akal de la Homofobia*, Akal, Madrid.

TRUJILLO BARBADILLO, Gracia (2005): «Desde los márgenes. Prácticas y representaciones de los grupos *queer* en el Estado Español», en: *El eje del mal es heterosexual*, pp. 29-44, Traficantes de Sueños, Madrid.

— (2009): *Deseo y resistencia*, Egales, Madrid-Barcelona.

UGARTE PÉREZ, Javier (2011): *Las circunstancias obligaban: homoerotismo, identidad y resistencia*, Egales, Madrid-Barcelona.

— (2014): *Placer que nunca muere. Sobre la regulación del homoerotismo occidental*, Egales, Madrid-Barcelona.

VALCÁRCEL, Amelia (2012): *Feminismo en un mundo global*, Cátedra, Madrid.

VÁZQUEZ GARCÍA, Francisco / CLEMINSON, Richard (2010): *Los invisibles. Una historia de la homosexualidad masculina en España, 1850-1939*, Comares, Granada.

VÁZQUEZ GARCÍA, Francisco / MORENO MENGÍBAR, Andrés (1997): *Sexo y razón: una genealogía de la moral sexual en España (siglos XVI-XX)*, Akal, Madrid.

VÉLEZ-PELLEGRINI, Laurentino (2001): «Teoría queer: de la esperanza al gran fraude», *El Viejo Topo*, 281, pp. 41-47.

— (2008): *Minorías sociales y sociología de la diferencia: gays, lesbianas y transexuales ante el debate identitario*, Montesinos, Madrid.

VIDARTE, Paco (2007): *Ética marica*, Egales, Madrid-Barcelona.

VILLAAMIL, Fernando (2004): *La transformación de la identidad gay en España*, Catarata, Madrid.

VIÑUALES, Olga (2002): *Lesbofobia*, Bellaterra, Barcelona.

VOLTAIRE (1987 [1764]): *Diccionario filosófico*, Akal, Madrid.

WARNER, Michael (2012): *Público, públicos, contrapúblicos*, Fondo de Cultura Económica, México D.F.

WEINBERG, George (1977): *La homosexualidad sin prejuicios. Un revolucionario enfoque psicológico*, Granica, Barcelona.

WITTIG, Monique (2006 [1980]): «El pensamiento heterosexual», en: *El pensamiento heterosexual y otros ensayos*, Egales, Madrid-Barcelona.

ZUBIAUR, Ibon (ed.) (2007): *Pioneros de lo homosexual*, Anthropos, Barcelona.

Títulos de la Colección G

Identidad y diferencia. Sobre la cultura gay en España
Juan Vicente Aliaga y José Miguel G. Cortés

Galería de retratos. Personajes homosexuales de la cultura contemporánea
Julia Cela

El libro de los hermosos
Edición de Luis Antonio de Villena

En clave gay. Todo lo que deberíamos saber
Varios autores

Lo que la Biblia realmente dice sobre la homosexualidad
Daniel H. Helminiak

Hombres de mármol. Códigos de representación y estrategias de poder de la masculinidad
José Miguel G. Cortés

Hasta en las mejores familias. Todo lo que siempre quiso saber sobre la homosexualidad de sus hijos, familiares y amigos pero temía preguntar
Jesús Generelo

De Sodoma a Chueca. Una historia cultural de la homosexualidad en España en el siglo XX
Alberto Mira

La marginación homosexual en la España de la Transición
Manuel Ángel Soriano Gil

Sin derramamiento de sangre. Un ensayo sobre la homosexualidad
Javier Ugarte Pérez

Homosexualidad: secreto de familia. El manejo del secreto en familias con algún miembro homosexual
Begoña Pérez Sancho

10 consejos básicos para el hombre gay
Joe Kort

Teoría Queer. Políticas bolleras, maricas, trans, mestizas
David Córdoba, Javier Sáez y Paco Vidarte

El pensamiento heterosexual y otros ensayos
Monique Wittig

El Kamasutra gay
Sebas Martín y Diego J. Cruz

Lecciones de disidencia. Ensayos de crítica homosexual
Xosé M. Buxán Bran

Los homosexuales al rescate de la civilización. Una historia verdadera y heroica de cómo los gays salvaron el mundo moderno
Cathy Crimmins

Primera Plana. La construcción de una cultura queer en España
Juan Antonio Herrero Brasas (ed.)

El vestuario de color rosa. Semblanzas de deportistas LGTB
Patricia Nell Warren

Sin complejos. Guía para jóvenes GLTB
Jesús Generelo

El marica, la bruja y el armario. Misoginia gay y homofobia femenina en el cine
Eduardo Nabal Aragón

Ética marica. Proclamas libertarias para una militancia LGTBQ
Paco Vidarte

Madres lesbianas en México. Una mirada a las maternidades y familias lésbicas en México
Sara Espinosa Islas

Amor sin nombre. La vida de los gays y las lesbianas en Oriente Medio
Brian Whitaker

Una discriminación universal. La homosexualidad bajo el franquismo y la transición
Javier Ugarte Pérez (ed.)

Tal como somos. Un libro de autoayuda para gays, lesbianas, transexuales y bisexuales
Manuel Ángel Soriano

Del texto al sexo. Judith Butler y la performatividad
Pablo Pérez Navarro

Masculinidad femenina
Judith Halberstam

... que me estoy muriendo de agua. Guía de narrativa lésbica española
María Castrejón

El laberinto queer. La identidad en tiempos de neoliberalismo
Susana López Penedo

Miradas insumisas. Gays y lesbianas en el cine
Alberto Mira

Tu dedo corazón. La sexualidad lesbiana: imágenes y palabras
Paloma Ruiz y Esperanza Romero

Que sus faldas son ciclones. Representación literaria contemporánea del lesbianismo en lengua inglesa
Rosa García Rayego y M.ª Soledad Sánchez Gómez (eds.)

Deseo y resistencia. Treinta años de movilización lesbiana en el Estado español (1977-2007)
Gracia Trujillo Barbadillo

Ellas y nosotras. Estudios lesbianos sobre literatura escrita en castellano
Elina Norandi (coord.)

Identidad y cambio social. Transformaciones promovidas por el movimiento gay/lesbiano en España
Jordi M. Monferrer Tomàs

La voluntad y el deseo. La construcción social del género y la sexualidad: el caso de lesbianas, gays y trans
Gerard Coll-Planas

El género desordenado: Críticas en torno a la patologización de la transexualidad
Miquel Missé y Gerard Coll-Planas (editores)

Los géneros de la violencia. Una reflexión *queer* sobre la «violencia de género»
Olga Arisó Sinués y Rafael M. Mérida Jiménez

Rosa sobre negro. Breve historia de la homosexualidad en la España del siglo XX
Albert Ferrarons

Por el culo. Políticas anales
Javier Sáez y Sejo Carrascosa

Las circunstancias obligaban. Homoerotismo, identidad y resistencia
Javier Ugarte Pérez

La juventud homosexual. Un libro de autoayuda sobre la diversidad afectiva sexual en las nuevas generaciones LGTB del siglo XXI
Manuel Ángel Soriano Gil

Después de Ganímedes. Una aventura para hombres gays en transición de la juventud hacia la vida adulta y la senectud
Juan Carlos Uríszar

Judith Butler en disputa. Lecturas sobre la performatividad
Patrícia Soley-Beltran y Leticia Sabsay (eds.)

Reyes sodomitas. Monarcas y favoritos en las cortes europeas del Renacimiento y Barroco
Miguel Cabañas Agrela

Nuevas subjetividades / sexualidades literarias
María Teresa Vera Rojas (ed.)

La carne y la metáfora. Una reflexión sobre el cuerpo en la teoría queer
Gerard Coll-Planas

Transexualidad, adolescencia y educación: miradas multidisciplinares
Octavio Moreno y Luis Puche (eds.)

Dibujando el género
Gerard Coll-Planas y Maria Vidal

Desconocidas & Fascinantes
Thais Morales & Isabel Franc (eds.)

Transexualidades. Otras miradas posibles
Miquel Missé

Resentir lo *queer* en América Latina: diálogos desde/con el Sur
Diego Falconí Trávez, Santiago Castellanos y María Amelia Viteri (eds.)

No al futuro. La teoría queer y la pulsión de muerte
Lee Edelman

París era mujer. Retratos de la orilla izquierda del Sena
Andrea Weiss

Placer que nunca muere. Sobre la regulación del homoerotismo occidental
Javier Ugarte Pérez

Desobediencias. Cuerpos disidentes y espacios subvertidos en el arte en América Latina y España: 1960-2010
Juan Vicente Aliaga y José Miguel G. Cortés

Las masculinidades en la Transición
Rafael M. Mérida Jiménez y Jorge Luis Peralta (eds.)

Desde el tercer armario. El proceso de reconstrucción personal de los hombres gays separados de matrimonio heterosexual
Bernardo Ruiz Figueroa

Chicas que entienden. In-visibilidad lesbiana
Mª Ángeles Goicoechea Gaona, Olaya Fernández Guerrero, Mª José Clavo Sebastián y Remedios Álvarez Terán

Políticas trans. Una antología de textos desde los estudios trans norteamericanos
Pol Galofre y Miquel Missé (eds.)

¿Quién soy yo para juzgarlos? Obispo y sacerdotes opinan sin censura sobre la homosexualidad
Sebastián Medina

Apocalipsis queer. Elementos de teoría antisocial
Lorenzo Bernini

Cuerpos en escena. Materialidad y cuerpo sexuado en Judith Butler y Paul B. Preciado
Martín A. De Mauro Rucovsky

La cultura de la homofobia y cómo acabar con ella
Ramón Martínez